Débuter le Web Design :

HTML
CSS

par *Benjamin Gomes*

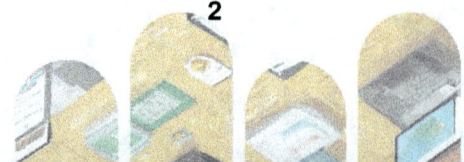

SCANNE MOI

À Propos de l'Auteur

Benjamin Gomes est un écrivain français aux multiples talents, passionné par l'exploration des idées. Avec une curiosité insatiable, il aborde une vaste gamme de sujets, allant de la fiction à la non-fiction, en passant par la poésie et le développement personnel. Chaque œuvre qu'il crée est une invitation à découvrir de nouveaux horizons et à enrichir sa perspective sur le monde.

Son style d'écriture captivant et accessible permet à ses lecteurs de s'immerger pleinement dans ses récits. Que ce soit à travers des histoires imaginatives ou des réflexions personnelles, Benjamin Gomes cherche à susciter des émotions et à engager une réflexion profonde sur la vie et ses complexités.

Chacune de ses publications est conçue pour offrir une expérience enrichissante, où passion et créativité se rencontrent. À travers ses mots, il souhaite partager des idées et des thèmes qui résonnent avec le vécu de chacun, tout en apportant une touche d'originalité et d'authenticité.

En découvrant l'œuvre de Benjamin Gomes, vous pourrez explorer différentes facettes de la condition humaine et vous laisser porter par sa plume inspirante.

Pour retrouver ses autres ouvrages et rester informé de ses prochaines publications, visitez son site web en scannant le QRcode ou suivez-le sur ses réseaux sociaux. Plongez dans ses livres et laissez-vous emporter par un voyage littéraire fascinant.

Avant-propos

Bienvenue dans ce guide d'apprentissage du HTML et du CSS destiné aux débutants en développement web. Que vous soyez étudiant, passionné par la création de sites web ou simplement curieux d'en apprendre davantage sur ces langages essentiels, ce guide est conçu pour vous accompagner pas à pas dans votre apprentissage.

Dans un monde de plus en plus connecté, la maîtrise du HTML et du CSS est devenue une compétence incontournable pour construire des sites web attrayants et fonctionnels. Ce guide a été conçu avec l'objectif de vous fournir les bases solides nécessaires pour créer vos propres pages web, que ce soit pour un projet personnel, professionnel ou simplement par passion.

Le sommaire de ce guide a été soigneusement élaboré pour vous guider à travers les différentes étapes de votre apprentissage. Vous découvrirez les fondamentaux du HTML et du CSS, apprendrez à créer un environnement de travail idéal, réaliserez des mini-projets concrets pour mettre en pratique vos connaissances et recevrez des conseils pour continuer à progresser de manière autonome.

Je vous invite à plonger dans ce guide avec curiosité et enthousiasme, à explorer les multiples possibilités offertes par le HTML et le CSS, et à vous émerveiller devant la magie de la création web.

Bon voyage dans l'univers du développement web !

INTRODUCTION

Dans l'univers du développement web, la maîtrise des langages HTML et CSS est un atout essentiel pour toute personne souhaitant créer des sites web attrayants et fonctionnels. Que vous soyez débutant en programmation ou que vous souhaitiez simplement approfondir vos connaissances, ce guide d'apprentissage du HTML et du CSS a été conçu pour vous accompagner dans votre parcours d'apprentissage.

Le HTML (HyperText Markup Language) est le langage de balisage utilisé pour structurer le contenu d'une page web, tandis que le CSS (Cascading Style Sheets) est utilisé pour styliser et mettre en forme ce contenu. Ensemble, ces deux langages forment les bases du développement web et sont essentiels pour concevoir des sites web modernes et adaptatifs.

Dans ce guide, nous allons explorer pas à pas les fondamentaux du HTML et du CSS, en commençant par les bases de la structure d'une page web et en progressant vers des techniques plus avancées de mise en forme et de mise en page. Vous découvrirez comment créer un environnement de travail optimal, réaliser des mini-projets pratiques pour appliquer vos connaissances et recevoir des conseils pour continuer à progresser de manière autonome.

Que vous souhaitiez apprendre à concevoir votre propre portfolio en ligne, à personnaliser le design d'un blog ou à expérimenter de nouvelles idées créatives, ce guide est votre compagnon idéal pour explorer le vaste monde du développement web.

Préparez-vous à plonger dans l'univers fascinant du HTML et du CSS, à apprendre de nouvelles compétences et à laisser libre cours à votre créativité. Que ce guide vous inspire et vous accompagne dans votre voyage vers la maîtrise du développement web.

Bonne lecture et bon apprentissage !

Sommaire

À Propos de l'Auteur...4

Avant-propos..6

Introduction...8

Chapitre 0 : Créer un Environnement de Travail..........................12

    0.1. Sélection des outils essentiels pour programmer en HTML et CSS...12

    0.2. Installation d'un éditeur de code adapté......................................15

    0.3. Configuration de l'éditeur pour faciliter le développement web.........16

    0.4. Mise en place d'un navigateur web de test................................18

    0.5. Conseils pour organiser ses fichiers et dossiers de projet.............19

Chapitre 1 : Les Fondamentaux du HTML..22

    1.1. Qu'est-ce que le HTML ?...23

    1.2. Structure de base d'une page HTML..24

    1.3. Les balises HTML essentielles..28

    1.4. Création d'une page web simple en HTML..................................34

    1.5. Mises en pratique pour renforcer les connaissances...................37

Chapitre 2 : Introduction au CSS..42

    2.1. Comprendre le rôle du CSS dans la mise en forme des pages web. 43

    2.2. Syntaxe de base du CSS...44

    2.3. Application des styles CSS..47

    2.4. Intégration du CSS à une page HTML...49

    2.5. Mise pratiques pour expérimenter les styles CSS........................58

Chapitre 3 : Approfondissement du HTML et du CSS....................64

    3.1. Organisation avancée du contenu en HTML................................65

    3.2. Utilisation de sélecteurs CSS pour cibler des éléments spécifiques...67

    3.3. Mise en page et responsive design avec CSS..............................75

3.4. Mise en pratique avancés..82

Chapitre 4 : Bonnes Pratiques et Conseils.....................................89

    4.1. Règles de base en matière de développement web..................90

    4.2. Accessibilité et compatibilité des sites web................................99

    4.3. Outils et ressources utiles pour les développeurs web..........101

Conclusion..106

Solutions : Chapitre 1..109

    Travail dirigé : Création d'une page de présentation :....................109

    Travail dirigé : Liste de course...111

    Travail dirigé : Page de blog..112

    Travail dirigé : Création d'une page de contact.............................114

Solutions : Chapitre 2..117

    Travail dirigé : Modifier les couleurs..117

    Travail dirigé : Styliser les liens..119

    Mini-projet : Styliser les formulaire :..122

    Travail dirigé : Créer un menu de navigation stylisé....................126

Solutions : Chapitre 3..130

    Travail dirigé : Stylisation d'une liste d'éléments..........................130

    Travail dirigé : Création d'un menu de navigation adaptable.....133

    Travail dirigé : Création d'une carte de visite...............................135

    Question Avancée : Rendre la Page Adaptable.............................139

Idées de Mini-projets :..143

Chapitre 0 : Créer un Environnement de Travail

Avant de vous plonger dans l'apprentissage du HTML et du CSS, il est essentiel de mettre en place un environnement de travail propice à la pratique et à l'expérimentation. Ce premier chapitre vous guidera à travers les étapes nécessaires pour installer les outils indispensables à la programmation en HTML et CSS, et ainsi vous créer un espace de travail confortable et efficace..

En suivant ce chapitre, vous serez en mesure de configurer un environnement de développement web optimal qui facilitera votre progression dans l'apprentissage des langages de programmation web. Préparez-vous à explorer les outils nécessaires pour créer des sites web attrayants et fonctionnels !

0.1. Sélection des outils essentiels pour programmer en HTML et CSS

Dans cette section, nous explorerons l'importance de choisir des outils de développement adaptés pour travailler efficacement en HTML et CSS. Les éditeurs de code sont des alliés indispensables dans le processus de création de sites web. Mais qu'est-ce qu'un éditeur de code exactement ?

Un éditeur de code est un logiciel conçu spécifiquement pour écrire et modifier le code source des programmes informatiques. Contrairement à un traitement de texte classique, qui est optimisé pour la rédaction de documents, un éditeur de code offre des fonctionnalités adaptées aux besoins des développeurs. Parmi ces fonctionnalités, on retrouve la coloration syntaxique, qui met en évidence les différents éléments du code pour en faciliter la lecture, ainsi que l'autocomplétion, qui suggère des mots-clés ou des balises à mesure que vous tapez, accélérant ainsi le processus de codage.

Les éditeurs de code permettent également d'organiser votre projet de manière efficace, en facilitant la navigation entre les fichiers et en offrant des outils de débogage pour tester et corriger votre code. En somme, choisir un bon éditeur de code est essentiel pour optimiser votre flux de travail et améliorer votre productivité en développement web.

Voici une sélection non exhaustive d'éditeurs de code populaires, chacun avec ses propres caractéristiques et avantages, qui vous permettront de tirer le meilleur parti de vos compétences en développement web.

Visual Studio Code (VS Code)

Site officiel : https://code.visualstudio.com/

Description : Un éditeur de code léger, puissant et très personnalisable, développé par Microsoft. Il offre de nombreuses extensions pour faciliter le développement web et une communauté active de développeurs.

Sublime Text

Site officiel : https://www.sublimetext.com/

Description : Un éditeur de code rapide, léger et hautement personnalisable, disponible sur plusieurs plateformes. Il est apprécié pour sa rapidité et ses fonctionnalités avancées.

Atom

Site officiel : https://atom.io/

Description : Un éditeur de code open-source développé par GitHub, offrant des fonctionnalités de personnalisation et une intégration avec les outils de développement collaboratif.

Brackets

Site officiel : http://brackets.io/

Description : Un éditeur de code open-source spécialement conçu pour le développement web, offrant des fonctionnalités telles que l'aperçu en direct et des outils de préprocesseurs CSS.

Pour la suite de ce guide, nous allons utiliser Visual Studio Code (VS Code) comme éditeur principal, en raison de sa polyvalence, de ses fonctionnalités optimisées pour le développement web en HTML et en CSS, ainsi que de ma familiarité avec cet outil. Cela dit, vous découvrirez des fonctionnalités similaires dans chacun des éditeurs mentionnés, ce qui vous permettra de choisir celui qui vous convient le mieux une fois que vous aurez acquis les bases et que vous vous lancerez dans vos propres projets.

N'hésitez pas à prendre le temps d'explorer ces différents éditeurs, de comparer leurs fonctionnalités et de sélectionner celui qui répondra le mieux à vos attentes.

0.2. INSTALLATION D'UN ÉDITEUR DE CODE ADAPTÉ

Une fois que vous avez sélectionné Visual Studio Code (VS Code) comme votre éditeur de code principal, il est temps de passer à l'étape cruciale de l'installation et de la configuration. Cette phase est primordiale pour garantir un environnement de développement optimal et adapté à la programmation.

Commencez par télécharger Visual Studio Code à partir de son site officiel et suivez les instructions d'installation spécifiques à votre système d'exploitation. Une fois l'installation terminée, explorez les paramètres de VS Code pour personnaliser votre expérience de développement. Vous pouvez configurer les thèmes, les raccourcis clavier, les extensions et d'autres options pour répondre à vos besoins spécifiques.

Pour installer Visual Studio Code (VS Code) :

1. Rendez-vous sur le site officiel de Visual Studio Code : https://code.visualstudio.com/.

2. Sélectionnez la version adaptée à votre système d'exploitation (Windows, macOS, Linux).

3. Lancez le fichier d'installation téléchargé et suivez les instructions à l'écran pour installer VS Code.

4. Une fois l'installation terminée, ouvrez Visual Studio Code et commencez à personnaliser vos paramètres selon vos préférences.

Visual Studio Code est désormais prêt à être utilisé.

N'hésitez pas à consulter la documentation officielle de Visual Studio Code pour découvrir ses fonctionnalités avancées et optimiser votre flux de travail (https://code.visualstudio.com/docs). En configurant correctement votre éditeur, vous serez prêt à commencer à coder de manière efficace et productive.

Une fois que vous avez installé et configuré VSCode, vous pourrez vous concentrer sur la prochaine étape : la mise en place d'un navigateur de test pour visualiser le rendu de vos pages web.

0.3. Configuration de l'éditeur pour faciliter le développement web

VS Code est un éditeur de code populaire et polyvalent qui offre de nombreuses fonctionnalités et possibilités de personnalisation pour les développeurs web. En configurant le correctement, vous pouvez améliorer votre productivité et simplifier votre processus de développement. Voici comment configurer Visual Studio Code pour faciliter le développement web en utilisant des extensions de colorisation du code et l'extension Live Server :

Extensions de colorisation du code

Les extensions de colorisation du code sont des outils essentiels pour améliorer la lisibilité et l'organisation de votre code HTML, CSS et autres langages de programmation. Elles permettent de mettre en évidence syntaxiquement différentes parties du code, facilitant ainsi sa lecture et sa compréhension. Voici comment utiliser des extensions de colorisation du code dans Visual Studio Code :

- Accédez à l'onglet Extensions.

- Recherchez des extensions telles que "HTML CSS Support" ou "Color Highlight" pour coloriser votre code HTML et CSS.

- Installez les extensions souhaitées et activez-les pour bénéficier de la colorisation automatique de votre code.

La colorisation du code contribue à une meilleure visualisation de la structure de votre code et à une édition plus efficace, ce qui facilite le processus de développement web.

EXTENSION LIVE SERVER

L'extension Live Server est un outil pratique pour visualiser en temps réel les modifications apportées à votre code HTML et CSS dans un navigateur web. Elle permet d'actualiser automatiquement la page du navigateur à chaque sauvegarde de votre code, offrant ainsi un aperçu instantané de votre site web pendant que vous travaillez. Voici comment utiliser l'extension Live Server dans Visual Studio Code :

- Installez l'extension Live Server depuis l'onglet Extensions.

- Cliquez sur l'icône "Go Live" dans la barre d'outils en bas à droite de l'éditeur pour lancer un serveur local.

- Votre site sera ouvert automatiquement dans un navigateur et sera mis à jour en temps réel à chaque modification de votre code HTML ou CSS.

L'extension Live Server simplifie le processus de développement en vous offrant un aperçu instantané de votre site web et en vous permettant de visualiser rapidement les changements apportés à votre code.

En configurant Visual Studio Code avec des extensions de colorisation du code et l'extension Live Server, vous disposez d'outils puissants pour faciliter et optimiser votre processus de développement web. Ces fonctionnalités contribuent à améliorer votre efficacité et à rendre le développement web plus fluide et agréable.

0.4. Mise en place d'un navigateur web de test

Après avoir installé Visual Studio Code et configuré votre environnement de développement, il est crucial de disposer d'un navigateur web de test pour visualiser le rendu de vos pages HTML et CSS. Les navigateurs web les plus populaires tels que Google Chrome, Mozilla Firefox, Safari et Microsoft Edge vous permettent de voir comment votre site s'affiche réellement pour les utilisateurs.

Il est essentiel de tester le rendu de votre site web sur plusieurs navigateurs pour les raisons suivantes :

La Compatibilité

Chaque navigateur interprète le code HTML et CSS de manière légèrement différente, ce qui peut entraîner des variations d'affichage. Tester votre site sur différents navigateurs vous permet de vous assurer que votre site est compatible avec un large éventail de configurations.

L'Expérience Utilisateur

Les utilisateurs accèdent à votre site web à partir de différents navigateurs et appareils. En testant sur plusieurs navigateurs, vous garantissez une expérience utilisateur cohérente et optimale, indépendamment du navigateur qu'ils utilisent.

La Détection de Problèmes

Tester sur plusieurs navigateurs vous permet de détecter rapidement d'éventuels problèmes d'affichage ou de fonctionnalité. Cela vous aide à identifier les zones à corriger pour garantir un fonctionnement optimal de votre site web.

En testant le rendu de votre site web sur différents navigateurs, vous vous assurez qu'il est accessible et fonctionne correctement pour tous les utilisateurs. Cette étape est cruciale dans le processus de développement web, car elle garantit la qualité et la compatibilité de votre site. Je vous recommande donc d'installer plusieurs navigateurs sur votre ordinateur afin de pouvoir visualiser vos futures pages web sur différents environnements.

Maintenant que vous avez pris conscience de l'importance de tester sur plusieurs navigateurs, vous êtes prêt à passer à la prochaine étape

0.5. Conseils pour organiser ses fichiers et dossiers de projet

Lorsque vous travaillez sur un projet de développement web en HTML et en CSS, il est essentiel d'adopter une structure de fichiers et de dossiers organisée pour maintenir la clarté et la facilité de gestion. Voici quelques conseils pour organiser efficacement vos fichiers et dossiers de projet :

Créez des Dossiers Thématiques

Divisez votre projet en dossiers thématiques en fonction des différentes parties de votre site web (ex : images, CSS, JavaScript). Cela vous aidera à regrouper les fichiers connexes et à faciliter la navigation dans votre projet.

Utilisez une Structure Hiérarchique

Organisez vos fichiers de manière hiérarchique en suivant une structure logique. Par exemple, créez un dossier principal pour votre site web contenant des sous-dossiers pour les images, les feuilles de style CSS, les scripts JavaScript, etc.

Nommez vos Fichiers de Manière Significative

Donnez des noms clairs et descriptifs à vos fichiers pour identifier facilement leur contenu. Évitez les noms génériques comme "fichier1.html" et optez pour des noms plus explicites comme "accueil.html" ou "style.css".

Utilisez des Outils de Gestion de Version

Si vous travaillez en équipe ou souhaitez suivre les modifications apportées à vos fichiers, utilisez des outils de gestion de version comme Git pour garder une trace de l'évolution de votre projet.

Évitez les Fichiers Redondants

Évitez de créer des copies redondantes de fichiers. Si vous avez besoin de réutiliser du code, créez des fichiers réutilisables ou des composants pour maintenir une seule source de vérité.

En adoptant une approche organisée pour structurer vos fichiers et dossiers de projet, vous gagnerez en efficacité, en cohérence et en facilité de maintenance tout au long du processus de développement. Une bonne organisation vous permettra de naviguer plus facilement dans votre code, de collaborer efficacement avec d'autres développeurs et de maintenir la qualité de votre projet sur le long terme.

Maintenant que vous avez des conseils pour organiser vos fichiers et dossiers de projet, vous pouvez les mettre en pratique pour améliorer la gestion de vos projets.

En conclusion, ce chapitre a posé les bases essentielles pour entamer le voyage dans le monde du développement web. En sélectionnant les outils appropriés, en configurant un éditeur de code, en mettant en place un navigateur de test et en organisant méthodiquement les fichiers de projet, vous avez établi les fondations nécessaires pour la suite de votre apprentissage.

En consolidant ces préparatifs, vous êtes maintenant prêt à plonger dans les fondamentaux du HTML et du CSS, tels qu'explorés dans les chapitres à venir. Assurez-vous de revenir sur ces étapes clés pour garantir une progression harmonieuse et efficace tout au long de votre parcours de développement web.

CHAPITRE 1 : LES FONDAMENTAUX DU HTML

Le langage HTML (HyperText Markup Language) est la pierre angulaire du développement web, permettant de structurer et de présenter le contenu des pages que nous consultons quotidiennement sur Internet. Dans ce chapitre, nous allons explorer les concepts essentiels de ce langage de balisage et vous guider pas à pas dans la découverte de ses principes fondamentaux.

Nous commencerons par définir ce qu'est exactement le HTML et son rôle dans la création de sites web. Ensuite, nous aborderons la structure de base d'une page HTML, en mettant en lumière les balises clés nécessaires pour concevoir une page web bien organisée et accessible.

Nous explorerons ensuite les balises HTML essentielles, telles que les balises de titres, de paragraphes, de liens et d'images, qui permettent de structurer le contenu et d'ajouter des éléments interactifs à une page web.

Pour mettre en pratique ces concepts, nous verrons comment créer une page web simple en HTML, en intégrant les différentes balises et en organisant le contenu de manière logique et conviviale.

Enfin, des exercices pratiques seront proposés pour vous permettre de renforcer vos connaissances en HTML et d'appliquer les notions apprises dans des contextes concrets.

Que vous soyez débutant en développement web ou que vous souhaitiez consolider vos bases en HTML, ce chapitre vous fournira les fondamentaux nécessaires pour créer des pages web attrayantes et bien structurées.

1.1. Qu'est-ce que le HTML ?

Le HTML, acronyme de HyperText Markup Language, est le langage de balisage standard utilisé pour créer et structurer le contenu des pages web. Il s'agit d'un langage de programmation à balises qui définit la structure logique d'une page web en utilisant des éléments appelés balises.

Le HTML repose sur l'utilisation de balises qui encadrent le contenu et définissent sa signification. Les balises sont généralement constituées d'un élément de début, du contenu et d'un élément de fin, par exemple <p> pour un paragraphe. Voilà un petit exemple pour t'aider à visualiser:

```
<p>Ceci est un paragraphe de texte.</p>
```

Que faut-il en retenir?

- <p> : C'est la balise de début qui indique le début d'un paragraphe de texte.

- Ceci est un paragraphe de texte. : C'est le contenu du paragraphe, c'est le texte que vous souhaitez afficher dans le paragraphe.

- </p> : C'est la balise de fin qui indique la fin du paragraphe. Elle est nécessaire pour fermer le paragraphe et délimiter le contenu du texte.

Ensemble, ces éléments créent un paragraphe de texte dans une page web. Lorsque le navigateur interprète ce code HTML, il affiche le texte à l'intérieur de la balise `<p>` comme un paragraphe distinct à l'écran. Les balises `<p>` sont couramment utilisées pour structurer et organiser le contenu textuel sur une page web, en séparant les différents blocs de texte les uns des autres.

Le HTML permet de structurer le contenu d'une page web en définissant des éléments tels que les titres, les paragraphes, les listes, les liens, les images, les tableaux, les formulaires, etc.

Le HTML offre une sémantique claire pour décrire le contenu d'une page de manière significative pour les navigateurs, les moteurs de recherche et les technologies d'assistance.

Le HTML est un langage universellement reconnu et pris en charge par tous les navigateurs web, ce qui garantit la compatibilité et la cohérence de l'affichage des pages sur différents appareils.

En résumé, il est un langage qui joue un rôle essentiel dans la création de sites web en fournissant la structure et le contenu de base nécessaires pour présenter des informations de manière cohérente et accessible sur Internet.

En comprenant les principes de base du HTML, vous serez en mesure de créer et de personnaliser des pages web selon vos besoins.

1.2. STRUCTURE DE BASE D'UNE PAGE HTML

Code en HTML

```html
<!DOCTYPE html>
<html>
    <head>
        <title>Titre de la Page</title>
    </head>
    <body>
```

```html
        <h1>Titre Principal</h1>
        <p>Ceci est un paragraphe de contenu.</p>
        <img src="image.jpg" alt="Description de l'image">
        <a href="https://www.example.com">Un lien vers un site web</a>
    </body>
</html>
```

Interprétation du code HTML par le navigateur

Titre Principal

Ceci est un paragraphe de contenu.

Description de l'image Un lien vers un site web

Voici la structure de base d'une page HTML. Cela peut sembler intimidant et surchargé d'informations au premier abord, mais ne vous inquiétez pas. Nous allons examiner chaque élément un par un. Si un concept vous échappe, prenez le temps de le relire. Ne vous en faites pas, avec un peu de pratique, tout deviendra plus clair.

La structure de base d'une page HTML est essentielle pour définir la mise en page et le contenu d'une page web. Que voyons nous sur cet exemple?

`<!DOCTYPE html>` : Cette déclaration, présente au tout début du document, informe le navigateur que ce qui suit est un document HTML5. Elle permet aux navigateurs de rendre la page correctement en utilisant les standards HTML appropriés. Sans cette déclaration, le navigateur pourrait interpréter le code d'une manière incorrecte, ce qui pourrait entraîner des problèmes d'affichage.

Balise `<html>` : La balise `<html>` est la racine de tout document HTML et englobe l'ensemble du contenu de la page.

Balise `<head>` : La balise `<head>` contient des éléments tels que le titre de la page, les métadonnées, les liens vers des feuilles de style CSS et d'autres informations non affichées directement sur la page.

Balise `<title>` : La balise `<title>` est utilisée à l'intérieur de la balise `<head>` pour définir le titre de la page qui s'affiche dans l'onglet du navigateur.

Balise `<body>` : La balise `<body>` contient le contenu principal de la page web, tel que les paragraphes, les titres, les images, les liens et autres éléments visibles par les utilisateurs.

En respectant cette structure de base, vous pouvez créer une page web HTML bien organisée et cohérente. La balise `<html>` encadre l'ensemble du document, la balise `<head>` contient les métadonnées et la balise `<body>` affiche le contenu principal de la page.

En comprenant et en utilisant efficacement la structure de base d'une page HTML, vous êtes en mesure de créer des pages web claires et bien structurées pour vos utilisateurs. N'hésitez pas à pratiquer en créant votre propre page web en suivant ces principes de base.

Focus:

l'imbrication des balises est un concept fondamental en HTML qui consiste à placer les balises les unes à l'intérieur des autres de manière hiérarchique. Cela permet de définir la structure et la relation entre les différents éléments d'une page web.

Voici des explications sur l'imbrication des balises en HTML :

Lorsque vous imbriquez des balises en HTML, vous créez une structure arborescente où les balises sont emboîtées les unes dans les autres.

Dans l'exemple suivant :

```html
<body>
    <h1>Titre principal</h1>
    <p>Un paragraphe de contenu <a href="#">avec un lien</a>.</p>
</body>
```

Le paragraphe `<p>` est imbriqué à l'intérieur de la balise `<body>`, et à l'intérieur du paragraphe, il y a un lien `<a>`. Cette hiérarchie permet de structurer le contenu de la page de manière logique et cohérente.

Lors de l'imbrication des balises, il est important de respecter l'ordre d'ouverture et de fermeture des balises, en veillant à ce que chaque balise ouverte soit fermée correctement. Par exemple, une balise ouverte <p> doit être refermée par une balise </p> correspondante pour éviter les erreurs de syntaxe.

En respectant l'imbrication des balises, vous garantissez une structure HTML valide et cohérente, ce qui facilite la compréhension du code par les navigateurs et les moteurs de recherche, et assure une meilleure accessibilité et lisibilité de votre contenu pour les utilisateurs.

En utilisant judicieusement l'imbrication des balises, vous pouvez créer des pages web bien organisées et faciles à maintenir. N'hésitez pas à pratiquer l'imbrication des balises en créant des structures HTML complexes pour renforcer votre compréhension de ce concept essentiel en développement web.

1.3. LES BALISES HTML ESSENTIELLES

Les balises HTML jouent un rôle crucial dans la structuration et la présentation du contenu d'une page web. Voici quelques-unes des balises HTML les plus couramment utilisées pour créer des pages web attrayantes :

BALISES DE TITRES :

- Les balises de titres <h1> à <h6> sont utilisées pour structurer le contenu textuel d'une page web en définissant différents niveaux de titres.

- <h1> est généralement utilisé pour le titre principal de la page, tandis que <h2> à <h6> sont utilisés pour les sous-titres et les titres de sections.

- Les moteurs de recherche accordent une importance particulière aux balises de titres pour comprendre la hiérarchie et la pertinence du contenu d'une page.

Exemple :

<**h1**>Titre Principal</**h1**>

<**h2**>Sous-titre</**h2**>

<**p**>Contenu du sous-titre</**p**>

<**h3**>Section 1</**h3**>

<**p**>Contenu de la section 1</**p**>

<**h4**>Sous-section A</**h4**>

<**p**>Contenu de la sous-section A</**p**>

Titre Principal

Sous-titre

Contenu du sous-titre

Section 1

Contenu de la section 1

Sous-section A

Contenu de la sous-section A

BALISE DE PARAGRAPHE :

- La balise <**p**> est utilisée pour définir des paragraphes de texte sur une page web.

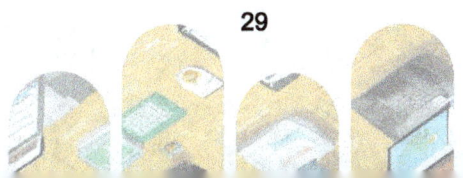

- Elle permet de séparer le contenu textuel en blocs distincts, facilitant la lecture et la compréhension du texte par les utilisateurs.

- Les balises de paragraphe sont couramment utilisées pour organiser le contenu des articles, des descriptions et des sections de texte des pages web.

Exemple :

```
<p>
    Ceci est un paragraphe de texte. Lorem ipsum dolor sit amet, consectetur adipiscing elit.
</p>
<p>
    Un autre paragraphe de texte pour illustrer l'utilisation de la balise de paragraphe.
</p>
<!-- Ceci est un commentaire -->
```

Remarque :

En HTML, les commentaires peuvent être ajoutés en utilisant les balises <!-- pour indiquer le début du commentaire et --> pour indiquer la fin du commentaire. Tout le contenu compris entre ces balises de commentaire ne sera pas affiché dans le navigateur et peut être utilisé pour ajouter des notes ou désactiver temporairement des éléments HTML sans que cela n'affecte l'affichage de la page.

BALISE DE LIEN :

- La balise `<a>` est utilisée pour créer des liens hypertexte vers d'autres pages web, des fichiers, des adresses e-mail ou des emplacements spécifiques sur une même page.

- Elle permet aux utilisateurs de naviguer facilement entre différentes ressources en ligne en cliquant sur le lien.

- Les liens peuvent être stylisés et personnalisés à l'aide de CSS pour améliorer l'expérience utilisateur et l'accessibilité.

Exemple :

```html
<a href="https://www.example.com">
    Visiter le site web
</a>
<p>
    Pour plus d'informations, veuillez consulter
    <a href="https://www.example.com">
        ce lien
    </a>.
</p>
```

Visiter le site web

Pour plus d'informations, veuillez consulter ce lien.

Lorsque vous rencontrez pour la première fois la balise <a> en HTML, avec l'attribut href, cela peut sembler complexe. L'attribut href est utilisé pour spécifier l'URL de destination vers laquelle le lien doit rediriger l'utilisateur lorsqu'il clique sur le lien. En d'autres termes, c'est l'adresse web à laquelle vous souhaitez que le visiteur soit dirigé.

Par exemple, si vous avez,

<a href="https://www.example.com">Cliquez ici</a>

cela signifie que lorsque l'utilisateur cliquera sur "Cliquez ici", il sera redirigé vers le site web https://www.example.com. L'attribut href est essentiel pour rendre les liens fonctionnels et permettre la navigation entre les différentes pages web. Avec un peu de pratique, vous vous habituerez à l'utilisation de cet attribut et vous verrez comment il est puissant pour créer des liens interactifs et navigables sur vos pages web.

BALISE D'IMAGE :

- La balise <**img**> est utilisée pour insérer des images dans une page web.

- Elle nécessite un attribut src spécifiant l'URL de l'image à afficher et un attribut alt fournissant une description textuelle de l'image.

- Les images ajoutent de la richesse visuelle au contenu d'une page web et peuvent être utilisées pour illustrer des concepts, des produits ou des informations de manière visuelle.

Exemple :

```
<img src="image.jpg" alt="Image de paysage">
<p>Voici une photo de magnifique paysage :</p>
<img src="paysage.jpg" alt="Paysage naturel">
```

Image de paysage
Voici une photo de magnifique paysage :
Paysage naturel

Remarque :

Si le chemin d'accès ne point pas sur le fichier du même nom, alors il ne pourra pas afficher d'image, il affichera alors le contenu de l'attribut `alt`.

En utilisant ces balises essentielles et d'autres balises HTML appropriées, vous pouvez créer des pages web bien structurées et riches en contenu. En combinant judicieusement ces balises, vous pouvez concevoir des pages web interactives et engageantes pour vos utilisateurs.

N'hésitez pas à expérimenter avec ces balises en créant des pages web simples et en ajoutant du contenu textuel, des liens et des images. La maîtrise de l'utilisation des balises HTML essentielles est un pas important vers la création de sites web professionnels et attractifs.

1.4. Création d'une page web simple en HTML

Maintenant que nous avons exploré les balises les plus courantes et le code minimal d'une page web, abordons la création de notre propre page web.

Pour créer une page web simple en HTML, vous pouvez suivre les étapes suivantes pour mettre en pratique les concepts abordés précédemment.

Voici un guide détaillé pour créer une page web simple en HTML :

1. **Créer un nouveau fichier HTML :**

    - Ouvrez un éditeur de texte et créez un nouveau fichier avec l'extension .html (par exemple, index.html).

2. **Définir la structure de base :**

    - Commencez par définir la structure de base d'une page HTML en utilisant les balises `<!DOCTYPE html>`, `<html>`, `<head>` et `<body>`.

- Ajoutez un titre à votre page à l'intérieur de la balise <title> dans la balise <head>.

3. **Ajouter du contenu :**

    - À l'intérieur de la balise <body>, ajoutez des éléments tels que des titres <h1> à <h6>, des paragraphes <p>, des images <img>, des liens <a>, etc.

4. **Utiliser les listes :**

    - Expérimentez avec les listes en créant des listes non-ordonnées <ul>, des listes ordonnées <ol> et des listes de définition <dl> pour organiser le contenu de votre page de manière structurée.

5. **Enregistrer et visualiser :**

    - Enregistrez votre fichier HTML.

    - Ouvrez le fichier dans un navigateur web pour visualiser votre page web, ou cliquez sur le bouton de Live Server.

Voici un exemple de création d'une page web simple en incluant les listes :

```html
<!DOCTYPE html>
<html>
<head>
    <title>Ma Page Web Simple</title>
</head>
<body>
    <h1>Titre de la Page</h1>
<h2>Section 1</h2>
    <ul>
        <li>Élément 1</li>
        <li>Élément 2</li>
        <li>Élément 3</li>
```

```html
    </ul>

    <h2>Section 2</h2>
    <ol>
        <li>Étape 1</li>
        <li>Étape 2</li>
        <li>Étape 3</li>
    </ol>
</body>
</html>
```

Titre de la Page

Section 1

- Élément 1
- Élément 2
- Élément 3

Section 2

1. Étape 1
2. Étape 2
3. Étape 3

En suivant ces étapes, vous pourrez créer une page web simple en HTML avec une structure basique et des listes pour organiser le contenu de manière claire et logique. N'hésitez pas à personnaliser votre page en ajoutant d'autres éléments HTML et en expérimentant avec les différentes fonctionnalités offertes par le langage HTML.

1.5. Mises en pratique pour renforcer les connaissances

Pour renforcer vos connaissances en HTML et mettre en pratique ce que vous avez appris, voici quelques exercices pratiques que vous pouvez réaliser :

Création d'une page de présentation :

1. Créez un nouveau fichier HTML nommé presentation.html.
2. Définissez la structure de base de la page en ajoutant les balises HTML nécessaires : `<!DOCTYPE html>`, `<html>`, `<head>` et `<body>`.
3. Dans la balise `<head>`, incluez un titre significatif pour la page à l'aide de la balise `<title>`.
4. À l'intérieur de la balise `<body>`, créez une section d'en-tête contenant un titre principal en utilisant la balise `<h1>`.
5. Ajoutez une section de contenu principal comprenant des informations sur vous-même (nom, prénom, description, etc.) à l'aide de balises de paragraphe `<p>`
6. Intégrez une liste à puces ou une liste numérotée pour mettre en avant vos compétences, vos loisirs ou toute autre information pertinente à l'aide des balises `<ul>` ou `<ol>` et `<li>`.
7. Insérez une ou plusieurs images pour illustrer votre présentation en utilisant la balise `<img>` avec les attributs src pour le chemin de l'image et alt pour une description textuelle.
8. Créez des liens vers vos profils sociaux, votre CV en ligne ou d'autres ressources pertinentes en utilisant la balise `<a>` avec l'attribut href.

9. Enregistrez le fichier HTML et ouvrez-le dans un navigateur pour visualiser votre page de présentation.

LISTES DE COURSES :

Réalisez une liste de courses en HTML en utilisant à la fois des listes non-ordonnées et ordonnées pour hiérarchiser les éléments à acheter. Ajoutez des liens vers des recettes ou des sites de cuisine pour chaque ingrédient si possible.

Listes de course à réaliser:

1. Liste de Produits laitiers non ordonnée:{Lait, Fromage, Yaourts}
2. Liste de Viande et poisson ordonnée:{Poulet, Saumon, Steaks de bœuf}
3. Liste de Fruits et légumes non ordonnée avec une second liste non ordonnée imbriqué: {Pommes, Bananes, Tomates, Poivrons {Rouges, verts}}
4. Liste de Produits secs non ordonnée:{Riz, Pâtes, Farine}

PAGE DE BLOG :

Créez un nouveau fichier HTML nommé blog.html.

1. Définissez la structure de base de la page en ajoutant les balises HTML nécessaires : <!DOCTYPE html>, <**html**>, <**head**> et <**body**>.
2. Dans la balise <**head**>, incluez un titre significatif pour la page à l'aide de la balise <**title**>.
3. À l'intérieur de la balise <**body**>, créez plusieurs articles de blog en incluant pour chacun :
    - Un titre de l'article <**h2**>.

- Un paragraphe décrivant le contenu de l'article <**p**>.
- Une image illustrant l'article <**img**>.
- Un lien vers l'article complet ou une page dédiée <**a**>.

4. Ajoutez des liens de navigation entre les articles pour permettre aux lecteurs de passer facilement d'un article à un autre.

5. Enregistrez le fichier HTML et ouvrez-le dans un navigateur pour visualiser la page de blog.

6. Testez la navigation entre les articles.

En suivant ces instructions, vous serez en mesure de créer une page de blog simple en HTML avec des articles, des images et des liens de navigation . N'hésitez pas à personnaliser la page en ajoutant d'autres fonctionnalités ou en modifiant le contenu selon vos préférences.

Amusez-vous à créer votre page de blog !

CRÉATION D'UNE PAGE DE CONTACT :

Créez un nouveau fichier HTML nommé contact.html.

1. Définissez la structure de base de la page en ajoutant les balises HTML nécessaires : <!DOCTYPE html>, <**html**>, <**head**> et <**body**>.

2. Dans la balise <**head**>, incluez un titre significatif pour la page à l'aide de la balise <**title**>.

3. À l'intérieur de la balise <body>, créez un formulaire de contact comprenant les champs suivants :

    - Champ "Nom" : Utilisez la balise <**input**> de type "text".
    - Champ "E-mail" : Utilisez la balise <**input**> de type "email".
    - Champ "Sujet" : Utilisez la balise <**input**> de type "text".

- Champ "Message" : Utilisez la balise **<textarea>** pour le message.

4. Ajoutez un bouton "Envoyer" pour soumettre le formulaire en utilisant la balise **<input>** de type "submit".

5. Enveloppez les champs du formulaire dans la balise **<form>** en spécifiant l'attribut action (où les données seront envoyées) et l'attribut method (méthode d'envoi des données, généralement "POST" ou "GET").

6. Enregistrez le fichier HTML et ouvrez-le dans un navigateur pour visualiser le formulaire de contact.

7. Testez le formulaire en saisissant des informations dans les champs et en appuyant sur le bouton "Envoyer" pour voir le comportement par défaut du formulaire.

8. Pour aller plus loin, vous pouvez ajouter du CSS pour styliser le formulaire.

En suivant ces instructions, vous serez en mesure de créer une page de contact simple en HTML avec un formulaire. Amusez-vous à personnaliser le formulaire et à ajouter des fonctionnalités supplémentaires selon vos besoins.

Ces exercices pratiques vous permettront d'appliquer concrètement vos connaissances en HTML et de renforcer vos compétences de développement web. N'hésitez pas à personnaliser ces exercices en fonction de vos intérêts et objectifs spécifiques pour tirer le meilleur parti de votre pratique.

En conclusion, ce chapitre a jeté les bases essentielles du HTML, vous introduisant aux concepts fondamentaux. Nous avons découvert ce qu'est le HTML, exploré la structure de base d'une page HTML, appris à utiliser les balises essentielles et créé une page web simple. Les exercices pratiques ont consolidé vos connaissances et renforcé votre confiance. Vous comprenez désormais le rôle et la définition du HTML, maîtrisez la structure de base d'une page, et savez utiliser les balises HTML essentielles pour structurer le contenu. Vous avez également pu créer et tester une page web simple en HTML, et vous avez consolidé vos connaissances grâce à des exercices pratiques.

Maintenant que vous avez une bonne maîtrise des fondamentaux du HTML, il est temps de passer à l'étape suivante : le CSS. Le prochain chapitre vous guidera pour comprendre le rôle du CSS, sa syntaxe de base, et comment l'utiliser pour styliser et enrichir visuellement vos pages HTML. Préparez-vous à donner vie à vos pages web avec des styles dynamiques et attrayants en exploitant tout le potentiel du CSS !

Chapitre 2 : Introduction au CSS

Dans ce chapitre fascinant, nous allons plonger dans l'univers du CSS (Cascading Style Sheets) pour découvrir comment la magie de la mise en forme des pages web opère à travers ce langage de style incontournable.

Imaginez le CSS comme l'artiste qui donne vie aux pages web, en les habillant de couleurs éclatantes, en choisissant les plus belles polices et en agençant harmonieusement les éléments pour créer des designs époustouflants. Le CSS, c'est l'outil qui transcende l'aspect purement structurel du HTML pour apporter une dimension esthétique et fonctionnelle à nos créations en ligne.

Le CSS joue un rôle essentiel dans la mise en forme des pages web, permettant de contrôler l'apparence visuelle et l'agencement des éléments HTML. En séparant le contenu (HTML) de la présentation (CSS), le CSS offre une flexibilité et une puissance inégalées pour personnaliser l'expérience utilisateur et captiver l'attention des visiteurs.

Que ce soit pour choisir la palette de couleurs idéale, sélectionner la police de caractères parfaite, définir les marges et les espacements pour une mise en page harmonieuse, le CSS offre un éventail de possibilités pour exprimer votre créativité et donner du style à vos pages web.

En comprenant le rôle fondamental du CSS et en maîtrisant ses concepts de base, vous serez en mesure de créer des designs attrayants, modernes et adaptés à vos besoins spécifiques. Préparez-vous à explorer les secrets du CSS et à faire briller vos créations web grâce à ce chapitre captivant et éducatif.

2.1. Comprendre le rôle du CSS dans la mise en forme des pages web

Le CSS (Cascading Style Sheets) joue un rôle essentiel dans la mise en forme des pages web en permettant de définir et d'appliquer des styles visuels aux éléments HTML. Imaginez le CSS comme l'artiste qui ajoute la touche finale à une œuvre d'art, en mettant en valeur les éléments et en créant une expérience visuelle captivante pour les visiteurs d'un site web.

L'un des principaux avantages du CSS est sa capacité à séparer la structure du contenu HTML de sa présentation visuelle. En isolant les styles dans des fichiers CSS distincts, il devient plus facile de maintenir et de modifier l'apparence d'un site web sans avoir à modifier chaque élément individuellement dans le code HTML. Cette séparation des préoccupations entre le contenu et la présentation permet une gestion plus efficace et une conception plus flexible des pages web.

Grâce au CSS, il est possible de contrôler divers aspects visuels tels que les couleurs, les polices de caractères, les marges, les arrière-plans, les bordures et bien d'autres propriétés. En appliquant des styles CSS, les développeurs web peuvent personnaliser l'apparence de chaque élément sur une page, créer des mises en page complexes et garantir une cohérence visuelle sur l'ensemble du site web.

En comprenant le rôle fondamental du CSS dans la mise en forme des pages web, vous serez en mesure de créer des designs attrayants, ergonomiques et esthétiques qui captiveront l'attention des visiteurs et amélioreront l'expérience utilisateur. Le CSS est donc un outil essentiel à maîtriser pour tout développeur web souhaitant créer des sites web modernes et visuellement impactants.

2.2. SYNTAXE DE BASE DU CSS

Pour maîtriser le CSS et appliquer des styles à vos pages web, il est essentiel de comprendre sa syntaxe de base. Le CSS est composé de règles qui définissent comment les éléments HTML doivent être stylisés. Voici les éléments clés de la syntaxe CSS :

- **Sélecteurs :** Les sélecteurs CSS permettent de cibler les éléments HTML auxquels vous souhaitez appliquer un style. Vous pouvez utiliser des sélecteurs simples tels que les noms de balises (`p`, `h1`, `div`), des classes (`.nom-de-classe`) ou des IDs (`#identifiant`) pour sélectionner les éléments souhaités.

- **Propriétés :** Les propriétés CSS définissent les styles que vous souhaitez appliquer aux éléments sélectionnés. Chaque propriété est associée à une valeur qui spécifie la manière dont l'élément doit être stylisé. Par exemple, la propriété `color` définit la couleur du texte, la propriété `font-size` définit la taille de la police, etc. Une propriété se termine par un point-virgule (;).

- **Déclaration :** Une déclaration CSS est composée d'une propriété suivie de deux-points (:) et de sa valeur, le tout encadré par des accolades ({ }). Par exemple, `color: blue;` est une déclaration qui définit la couleur du texte en bleu.

- **Règles :** Une règle CSS est formée par un sélecteur suivi d'un bloc de déclarations encadré par des accolades. Par exemple, `h1 { color: red; }` est une règle qui définit que tous les titres de niveau 1 (`h1`) auront une couleur de texte rouge.

En comprenant la syntaxe de base du CSS, vous serez en mesure de créer des styles personnalisés pour vos pages web en ciblant spécifiquement les éléments que vous souhaitez styliser. La maîtrise des sélecteurs, des propriétés, des déclarations et des règles CSS est essentielle pour exprimer votre créativité et concevoir des designs uniques et attrayants.

Voici quelques extraits de code CSS qui vous aideront à reconnaître les différents éléments de syntaxe du langage et les changements visuels qu'ils apportent :

Exemple de Sélecteur Simple :

```css
/* Sélectionne tous les paragraphes pour changer leur
couleur en bleu */
p {
    color: blue;
}
```

Ce code CSS utilise le sélecteur `p` pour cibler tous les éléments `<p>` (paragraphes) sur une page et leur appliquer une couleur de texte bleue.

Remaque:

En CSS, la balise `/*` est utilisée pour indiquer le début d'un commentaire, et `*/` pour indiquer la fin du commentaire. Tout ce qui est inclus entre ces marques de commentaire ne sera pas interprété par le navigateur et peut être utilisé pour ajouter des annotations ou désactiver temporairement des styles sans que cela n'affecte l'affichage de la page.

Exemple de Sélecteur de Classe :

```css
.texte-important {
    font-weight: bold;
}
```

Ce code CSS utilise le sélecteur de classe `.texte-important` pour cibler les éléments HTML qui ont la classe 'texte-important' (`<p class="texte-important">`Contenu du paragraphe`</p>`) et les rendre en gras en utilisant la propriété `font-weight`.

Exemple de Sélecteur d'ID :

```css
head {
    background-color: lightgrey;
}
```

Ce code CSS utilise le sélecteur d'ID `#entete` pour cibler l'élément qui a l'ID 'entete' et lui attribuer une couleur de fond grise en utilisant la propriété `background-color`.

Exemple de Déclaration Multiple :

```css
div {
    color: white;
    background-color: navy;
    padding: 10px;
}
```

Ce code CSS applique plusieurs styles à la balise `<div>` en définissant la couleur du texte en blanc, la couleur de fond en bleu marine, et en ajoutant un rembourrage de 10 pixels autour du contenu avec la propriété `padding`.

En utilisant ces exemples de code CSS, vous pouvez commencer à comprendre les différents sélecteurs, propriétés et valeurs pour styliser efficacement vos pages web et créer des designs uniques et attrayants.

2.3. APPLICATION DES STYLES CSS

L'application des styles CSS offre une multitude de possibilités pour personnaliser l'apparence des éléments HTML sur une page web. Voici quelques exemples des propriétés CSS les plus couramment utilisées et comment elles peuvent être appliquées :

COULEURS

```css
.texte-coloré {
```

```css
    color: red;
    background-color: yellow;
}
```

Dans cet exemple, la propriété `color` est utilisée pour définir la couleur du texte en rouge et la propriété `background-color` est utilisée pour définir la couleur de fond en jaune pour les éléments avec la classe `.texte-coloré`.

Polices de Caractères

```css
.titre-principal {
    font-family: Arial, sans-serif;
    font-size: 16px;
}
```

Ce code CSS définit la police de caractères des éléments avec la classe `.titre-principal` en Arial ou une police de remplacement sans-serif, et fixe la taille de la police à 16 pixels.

Marges et Espacements

```css
.bloc {
    margin: 20px;
}
```

Cette règle CSS applique une marge de 20 pixels autour des éléments avec la classe `.bloc`, ce qui crée un espace vide de 20 pixels entre ces éléments et les éléments voisins.

Bordures

```css
.encadrement {
    border: 1px solid black;
```

}

Ce code CSS définit une bordure de 1 pixel de largeur, de style solide et de couleur noire autour des éléments avec la classe `.encadrement`, créant ainsi un encadrement visuel autour de ces éléments.

En explorant les propriétés CSS, vous avez le pouvoir de concevoir des designs personnalisés et équilibrés pour vos pages web. La diversité des styles CSS tels que les couleurs, polices, marges et bordures permet de donner une dimension créative et esthétique à vos créations. Vous vous demandez peut-être où et comment mettre en œuvre ces codes pour modifier l'apparence de votre page ? C'est exactement ce que nous aborderons prochainement. Nous allons passer à l'étape suivante : l'intégration du CSS à une page HTML pour unifier les styles et concevoir des sites web.

2.4. INTÉGRATION DU CSS À UNE PAGE HTML

L'intégration du CSS à une page HTML peut se faire de différentes manières, chacune ayant ses avantages et inconvénients. Voici une comparaison des méthodes d'intégration du CSS pour vous aider à comprendre pourquoi choisir une méthode plutôt qu'une autre :

UTILISATION DES BALISES `<STYLE>` INTERNES :

AVANTAGES :

- **Facilité de gestion :** Les styles CSS sont directement inclus dans le fichier HTML, ce qui rend le code plus facile à gérer puisque tout est au même endroit.

- **Styles spécifiques :** Les styles internes s'appliquent uniquement à la page où ils sont définis, ce qui peut être utile pour des styles uniques à cette page.

Inconvénients :

- **Code plus encombré :** Les styles internes peuvent rendre le code HTML plus lourd et moins organisé.

- **Modifications plus complexes :** Pour changer les styles, il faut modifier le code directement dans le fichier HTML, ce qui peut être moins pratique qu'un fichier CSS séparé.

Voyons un exemple pour bien comprendre :

```html
<!DOCTYPE html>
<html>
<head>
    <title>Exemple de styles internes</title>
    <style>
        body {
            background-color: lightblue;  /* Change la couleur de fond de la page */
        }
        h1 {
            color: navy;   /* Change la couleur du texte du titre */
            text-align: center;  /* Centre le titre */
        }
        p {
            font-family: Arial, sans-serif;  /* Change la police du texte du paragraphe */
            font-size: 14px;   /* Change la taille du texte du paragraphe */
            color: darkgray;   /* Change la couleur du texte du paragraphe */
        }
    </style>
```

```
</head>
<body>
    <h1>Bienvenue sur ma page</h1>
    <p>Ceci est un exemple de l'utilisation des styles
internes en CSS.</p>
</body>
</html>
```

Bienvenue sur ma page

Ceci est un exemple de l'utilisation des styles internes en CSS.

Dans cet exemple :

- La balise `<style>` est placée dans la section `<head>` du fichier HTML.
- Les styles définis dans cette balise s'appliquent uniquement à cette page.
- Les styles modifient la couleur de fond de la page (body), la couleur et l'alignement du titre (h1), ainsi que la police, la taille et la couleur du texte des paragraphes (p).

Utilisation de fichiers CSS externes :

Avantages :

- **Réutilisation des styles :** Les styles CSS définis dans un fichier externe peuvent être utilisés sur plusieurs pages, ce qui permet une gestion centralisée et cohérente des styles.

- **Amélioration des performances :** Les fichiers CSS externes peuvent être mis en cache par le navigateur, ce qui accélère le chargement des pages lors des visites ultérieures.

Inconvénients :

- **Requête HTTP supplémentaire :** Charger le fichier CSS externe nécessite une requête HTTP supplémentaire, ce qui peut entraîner un léger retard dans le chargement initial de la page.

- **Modification centralisée :** Pour modifier les styles, il suffit de mettre à jour le fichier CSS externe, sans toucher au code HTML, ce qui peut être un avantage ou un inconvénient selon la perspective.

Voyons comment utiliser un fichier CSS externe avec un exemple.

1. Créez un fichier CSS externe :

```css
/* Fichier styles.css */
body {
    background-color: lightblue;   /* Change la couleur de fond de la page */
}
h1 {
```

```
    color: navy;     /* Change la couleur du texte du titre
*/
    text-align: center;   /* Centre le titre */
}
p {
    font-family: Arial, sans-serif;   /* Change la police
du texte du paragraphe */
    font-size: 14px;    /* Change la taille du texte du
paragraphe */
    color: darkgray;    /* Change la couleur du texte du
paragraphe */
}
```

2. Liez le fichier CSS externe dans votre fichier HTML :

```
<!DOCTYPE html>
<html>
<head>
    <title>Exemple de fichier CSS externe</title>
    <link rel="stylesheet" type="text/css" href="styles.css">   <!-- Lien vers le fichier CSS externe -->
</head>
<body>
    <h1>Bienvenue sur ma page</h1>
    <p>Ceci est un exemple de l'utilisation d'un fichier CSS externe.</p>
</body>
</html>
```

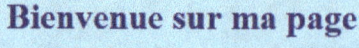

Bienvenue sur ma page

Ceci est un exemple de l'utilisation des styles internes en CSS.

Dans cet exemple :

- Le fichier CSS `styles.css` contient toutes les règles de style.

- La balise `<link>` dans la section `<head>` du fichier HTML lie le fichier CSS externe à la page, permettant ainsi l'application des styles définis dans `styles.css`.

- Les styles modifient la couleur de fond de la page (`body`), la couleur et l'alignement du titre (`h1`), ainsi que la police, la taille et la couleur du texte des paragraphes (`p`).

Avec cette méthode, vous pouvez facilement appliquer les mêmes styles à plusieurs pages en incluant simplement le même fichier CSS externe dans chacun de vos fichiers HTML.

Utilisation de sélecteurs pour cibler des éléments spécifiques :

Avantages :

- **Précision des styles :** Vous pouvez cibler des éléments spécifiques pour leur appliquer des styles personnalisés, ce qui permet un contrôle précis sur l'apparence de vos éléments.

- **Séparation des préoccupations :** En séparant les styles (CSS) de la structure du contenu (HTML), vous maintenez un code plus propre et plus organisé.

Inconvénients :

- **Complexité potentielle :** Une mauvaise utilisation des sélecteurs peut rendre votre CSS trop complexe.

- **Difficulté de maintenance :** Trop de sélecteurs spécifiques peuvent rendre le code CSS difficile à maintenir et à déboguer.

Voyons comment utiliser des sélecteurs CSS pour cibler des éléments spécifiques.

```html
<!DOCTYPE html>
<html>
<head>
    <title>Exemple de sélecteurs CSS</title>
    <link rel="stylesheet" type="text/css" href="styles.css"> <!-- Lien vers le fichier CSS -->
```

```html
        </head>
        <body>
             <h1 class="titre-principal">Bienvenue sur ma page</h1>
             <p class="texte-paragraphe">Ceci est un paragraphe standard.</p>
             <p id="paragraphe-important">Ceci est un paragraphe important.</p>
        </body>
</html>
```

```css
/ *FICHIER STYLES.CSS */
.titre-principal {
      color: navy; /* CHANGE LA COULEUR DU TEXTE DU TITRE */
      text-align: center; /* CENTRE LE TITRE */
}
.texte-paragraphe {
      font-family: Arial, sans-serif; /* CHANGE LA POLICE DU TEXTE */
      font-size: 14px; /* CHANGE LA TAILLE DU TEXTE */
      color: darkgray; /* CHANGE LA COULEUR DU TEXTE */
}
#paragraphe-important {
      font-weight: bold;   /* Met le texte en gras */
      color: red;  /* Change la couleur du texte du paragraphe important */
}
```

Bienvenue sur ma page

Ceci est un paragraphe standard.

Ceci est un paragraphe important.

Dans cet exemple :

- Nous utilisons des classes et des ID pour cibler des éléments spécifiques.

- La classe `.titre-principal` applique des styles au titre `<h1>`.

- La classe `.texte-paragraphe` applique des styles aux paragraphes avec cette classe.

- L'ID `#paragraphe-important` applique des styles personnalisés à un paragraphe spécifique.

Les sélecteurs CSS vous permettent de styliser précisément vos éléments, tout en maintenant une séparation claire entre le style et la structure de votre contenu. Cela rend votre code plus propre et plus facile à gérer.

En choisissant la méthode d'intégration du CSS qui convient le mieux à vos besoins, vous pourrez optimiser l'efficacité de votre développement web, la gestion de vos styles et l'expérience utilisateur de vos visiteurs. Il est recommandé d'utiliser une combinaison des différentes méthodes en fonction de la complexité et des exigences de votre projet pour obtenir des résultats optimaux.

2.5. Mise pratiques pour expérimenter les styles CSS

Pour mettre en pratique vos connaissances sur les styles CSS et renforcer votre compréhension des concepts abordés, voici quelques exercices pratiques.

Travail dirigé : Modifier les couleurs

Découvrez l'utilisation des classes CSS pour changer la couleur du texte de divers éléments sur une page web. Explorez une variété de couleurs pour appréhender leur effet visuel sur le contenu.

1. Créez un fichier HTML de base :

    - Créez un nouveau fichier HTML et nommez-le `index.html`.
    - Ajoutez une structure HTML de base avec un titre et quelques paragraphes.

2. Ajoutez des classes CSS pour modifier les couleurs :

    - Créez un fichier CSS séparé et nommez-le `styles.css`.
    - Ajoutez des classes CSS pour différentes couleurs de texte.

3. Liez le fichier CSS au fichier HTML :

    - Utilisez la balise `<link>` pour inclure le fichier CSS dans votre fichier HTML.

4. Appliquez les classes CSS aux éléments HTML :

    - Appliquez les classes CSS aux paragraphes dans votre fichier HTML pour voir les différentes couleurs de texte.

TRAVAIL DIRIGÉ : STYLISER LES LIENS

Apprendre à personnaliser l'apparence des liens `<a>` sur une page web en modifiant les couleurs, les styles de texte et en ajoutant des effets de survol.

1. Créer une structure HTML de base :

    - Créez un fichier HTML nommé `index.html`.
    - Ajoutez une structure HTML de base comprenant plusieurs balises `<a>` pour les liens.

2. Ajouter des styles CSS pour les liens :

    - Créez un fichier CSS séparé nommé `styles.css`.
    - Définissez des styles pour les liens, y compris leur couleur, la décoration du texte, la police et les effets de survol.

AIDE ET CONSEILS POUR LE SURVOL :

- Sélection du survol dans CSS : Utilisez le pseudo-élément `:hover` pour appliquer des styles spécifiques lorsque l'utilisateur survole un élément. Par exemple, `a:hover` applique des styles lorsque l'utilisateur survole un lien.

- Transitions pour les effets de survol : Ajoutez la propriété `transition` pour créer des transitions douces entre les différents états (par exemple, normal et survol).

- Combiner les effets : Vous pouvez changer plusieurs propriétés de style au survol, comme la couleur du texte, la couleur de fond, la décoration du texte, etc.

3. Lier le fichier CSS au fichier HTML :

    - Utilisez la balise `<link>` pour inclure le fichier CSS dans votre fichier HTML et appliquer les styles définis aux liens.

TRAVAIL DIRIGÉ : STYLISER LES FORMULAIRES

Apprendre à utiliser les CSS pour personnaliser l'apparence des éléments de formulaire tels que les champs de saisie, les boutons et les zones de texte. Créez un design harmonieux et intuitif pour améliorer l'expérience utilisateur.

1. Créez un fichier HTML de base :

    - Créez un nouveau fichier HTML et nommez-le `index.html`.
    - Ajoutez une structure HTML de base avec un formulaire contenant des champs de saisie, des boutons et des zones de texte.

2. Ajoutez des styles CSS pour les éléments de formulaire :

- Créez un fichier CSS séparé et nommez-le `styles.css`.
- Ajoutez des styles pour les champs de saisie, les boutons et les zones de texte pour les personnaliser.

3. Liez le fichier CSS au fichier HTML :

    - Utilisez la balise `<link>` pour inclure le fichier CSS dans votre fichier HTML.

4. Testez et ajustez les styles :

    - Ouvrez votre fichier HTML dans un navigateur pour voir les effets et ajuster les styles si nécessaire.z l

POUR ALLER PLUS LOIN : CRÉER UN MENU DE NAVIGATION STYLISÉ

Apprendre à utiliser CSS pour créer un menu de navigation stylisé avec des effets de survol, des transitions fluides et une mise en page esthétique. Assurez-vous que le menu est convivial et fonctionnel pour les utilisateurs.

1. Créez un fichier HTML de base :

    - Créez un nouveau fichier HTML et nommez-le `index.html`.
    - Ajoutez une structure HTML de base avec un menu de navigation en utilisant des listes non ordonnées.

2. Ajoutez des styles CSS pour le menu de navigation :

    - Créez un fichier CSS séparé et nommez-le `styles.css`.
    - Ajoutez des styles pour les éléments du menu de navigation, y compris les effets de survol et les transitions.

3. Liez le fichier CSS au fichier HTML :

    - Utilisez la balise `<link>` pour inclure le fichier CSS dans votre fichier HTML.

4. Testez et ajustez les styles :

    - Ouvrez votre fichier HTML dans un navigateur pour voir les effets et ajuster les styles si nécessaire.

En réalisant ces exercices pratiques et en expérimentant avec les styles CSS, vous pourrez approfondir vos compétences en design web, développer votre créativité et acquérir une expertise pratique dans l'utilisation du CSS pour la mise en forme des pages web. N'hésitez pas à explorer d'autres concepts et à créer vos propres projets pour mettre en valeur vos compétences en stylisme web.

En conclusion, ce chapitre vous a introduit aux bases du CSS, vous permettant de comprendre comment ce langage de styles peut transformer l'apparence de vos pages web. Nous avons exploré le rôle du CSS, sa syntaxe de base, et les différentes manières d'appliquer des styles aux éléments HTML. Vous avez appris à intégrer le CSS dans vos pages HTML, et les exercices pratiques vous ont aidé à expérimenter avec les styles pour mieux appréhender leur impact visuel.

Grâce à ce chapitre, vous comprenez désormais le rôle crucial du CSS dans la mise en forme des pages web. Vous maîtrisez la syntaxe de base du CSS et savez comment appliquer des styles, soit directement dans l'élément HTML, soit en utilisant une feuille de style externe. Vous avez également acquis des compétences pratiques en intégrant le CSS dans vos pages HTML et en expérimentant différentes règles de style pour voir comment elles modifient l'apparence des éléments.

Fort de ces connaissances en CSS, vous êtes maintenant prêt à approfondir votre compréhension et à explorer des techniques plus avancées. Le prochain chapitre vous emmènera plus loin dans l'organisation du contenu HTML et l'utilisation des sélecteurs CSS pour cibler des éléments spécifiques. Vous découvrirez également comment réaliser des mises en page complexes et adaptatives (responsive design) pour que vos sites web soient attrayants et fonctionnels sur tous les types d'écrans. Préparez-vous à franchir une nouvelle étape dans votre parcours de développeur web en consolidant et en étendant vos compétences en HTML et CSS.

Chapitre 3 : Approfondissement du HTML et du CSS

Ce chapitre approfondira vos connaissances en HTML et en CSS pour vous permettre de créer des sites web plus avancés et optimisés. Nous aborderons l'organisation avancée du contenu en HTML avec l'utilisation de balises sémantiques, les sélecteurs CSS pour cibler des éléments spécifiques, la mise en page et le responsive design avec CSS, l'optimisation du code HTML et CSS, ainsi que des exercices avancés pour renforcer vos compétences pratiques. En explorant ces concepts, vous serez en mesure de concevoir des sites web modernes, réactifs et performants, tout en adoptant les meilleures pratiques de développement pour garantir une expérience utilisateur optimale.

3.1. ORGANISATION AVANCÉE DU CONTENU EN HTML

L'organisation avancée du contenu en HTML implique l'utilisation de balises sémantiques pour structurer le contenu de manière significative. Les balises sémantiques permettent de donner un sens et une structure claire à votre code HTML, ce qui améliore l'accessibilité pour les utilisateurs et les moteurs de recherche. Voici quelques balises sémantiques couramment utilisées et leur utilisation :

1. `<header>` : Utilisée pour représenter l'en-tête d'une section ou d'une page web.
2. `<nav>` : Pour définir une section de navigation.
3. `<main>` : Pour encapsuler le contenu principal d'une page.
4. `<section>` : Pour regrouper des contenus thématiquement liés.
5. `<article>` : Pour encapsuler un contenu autonome et significatif.
6. `<footer>` : Pour représenter le pied de page d'une section ou de la page.

L'utilisation appropriée des balises sémantiques rend votre code HTML plus clair, structuré et facile à comprendre, que ce soit pour vous-même, pour d'autres développeurs ou pour les technologies d'assistance utilisées par les personnes en situation de handicap. Cela contribue également à améliorer le référencement naturel (SEO) de votre site en lui apportant une structure logique et hiérarchisée.

Comprendre l'importance des balises sémantiques pour l'organisation et l'accessibilité des sites web est essentiel. Voici quelques points supplémentaires à prendre en considération :

Accessibilité

L'utilisation de balises sémantiques facilite la navigation pour les utilisateurs, en particulier ceux qui utilisent des technologies d'assistance comme les lecteurs d'écran, améliorant ainsi l'expérience utilisateur pour un public plus large.

Hiérarchisation du contenu

En utilisant les balises sémantiques de manière appropriée, vous pouvez clairement définir la structure hiérarchique de votre contenu. Cela permet aux moteurs de recherche de mieux comprendre et indexer le contenu de votre site.

Maintenance du code

Adopter une approche sémantique dans votre code HTML rend la maintenance et les mises à jour ultérieures du site plus faciles. Une structure claire et logique rend le code plus compréhensible pour d'autres développeurs qui pourraient travailler sur le projet.

Compatibilité avec les nouvelles technologies

Les balises sémantiques sont conçues pour être compatibles avec les évolutions futures du web et les nouvelles technologies. En les intégrant dès maintenant, vous assurez que votre site sera prêt pour les innovations à venir.

L'organisation avancée du contenu en HTML à l'aide de balises sémantiques est une pratique recommandée pour améliorer l'accessibilité, l'indexation par les moteurs de recherche, la maintenabilité du code et la compatibilité avec les nouvelles technologies. En les utilisant de manière appropriée, vous contribuez à la création de sites web plus performants, conviviaux et adaptés aux besoins des utilisateurs.

3.2. Utilisation de sélecteurs CSS pour cibler des éléments spécifiques

Dans ce volet, nous allons explorer en détail l'utilisation des sélecteurs CSS pour cibler des éléments spécifiques dans vos styles. Les sélecteurs CSS permettent de définir les éléments de votre page auxquels vous souhaitez appliquer des styles, en leur attribuant des règles de mise en forme précises. Voici quelques types de sélecteurs CSS couramment utilisés et leurs applications :

Sélecteurs d'éléments

Les sélecteurs d'éléments CSS sont utilisés pour cibler tous les éléments HTML correspondant à une balise spécifique. Par exemple, si vous souhaitez appliquer un style spécifique à tous les paragraphes `<p>` de votre page, vous pouvez utiliser le sélecteur d'éléments p.

Voici un exemple concret :

```css
p {
    color: blue;
    font-size: 16px;
}
```

Dans cet exemple, le sélecteur p est utilisé pour cibler tous les éléments de paragraphe <p> de la page. Les règles de style définies à l'intérieur des accolades seront appliquées à tous les paragraphes de la page. Ici, nous avons défini que la couleur du texte des paragraphes sera bleue et que la taille de la police sera de 16 pixels.

Les sélecteurs d'éléments sont très simples et utiles pour appliquer un style global à un type spécifique d'éléments HTML sur une page. Ils permettent de définir des styles de base qui s'appliqueront automatiquement à tous les éléments correspondants, ce qui facilite la gestion et la cohérence du design de votre site web. N'hésitez pas à utiliser les sélecteurs d'éléments pour harmoniser le style de vos contenus et pour créer une expérience visuelle cohérente pour vos visiteurs.

CLASSES ET ID :

Les classes et les ID sont des attributs spéciaux que vous pouvez ajouter à vos éléments HTML pour les identifier et les cibler de manière spécifique avec des styles CSS. Les classes sont définies avec le préfixe `.` (point) suivi du nom de la classe, tandis que les ID sont définis avec le préfixe `#` (dièse) suivi du nom de l'ID.

CLASSES :

Les classes CSS permettent de regrouper des éléments HTML qui partagent des styles similaires. Vous pouvez attribuer la même classe à plusieurs éléments pour leur appliquer un style commun. Voici un exemple :

HTML :

```
<p class="important">Ce paragraphe est important.</p>
<p class="important">Celui-ci aussi est important.</p>
```

CSS :

```css
.important {
    font-weight: bold;
    color: red;
}
```

Dans cet exemple, les paragraphes avec la classe `important` auront un style spécifique défini en CSS, comme un texte en gras et de couleur rouge.

ID :

Les ID en CSS sont utilisés pour identifier de manière unique un élément HTML spécifique. Chaque ID doit être unique dans le document HTML. Voici un exemple :

HTML :
```html
<p id="intro">Ceci est le paragraphe d'introduction.</p>
```

CSS :

```css
#intro {
    font-size: 18px;
    color: blue;
}
```

Dans cet exemple, le paragraphe avec l'ID `intro` aura un style particulier défini en CSS, tel qu'une taille de police de 18 pixels et une couleur de texte bleue.

En utilisant les classes et les ID en CSS, vous pouvez personnaliser le style de vos éléments HTML de manière spécifique et précise, en leur attribuant des styles uniques ou partagés. Les classes sont idéales pour appliquer des styles à plusieurs éléments similaires, tandis que les ID sont utiles pour cibler des éléments uniques dans votre page web. Veillez à utiliser les classes et les ID de manière appropriée pour organiser et styliser efficacement vos contenus web.

SÉLECTEURS DE DESCENDANT :

Les sélecteurs de descendant en CSS permettent de cibler des éléments qui sont des descendants directs d'un autre élément spécifique. Cela signifie que vous pouvez appliquer des styles à des éléments enfants qui sont directement imbriqués à l'intérieur d'un élément parent. Voici un exemple pour mieux comprendre :

HTML :

```html
<div>
    <h2>Titre</h2>
    <p>Paragraphe</p>
</div>
```

CSS :

```css
div h2 {
    color: blue;
}

div p {
    font-style: italic;
}
```

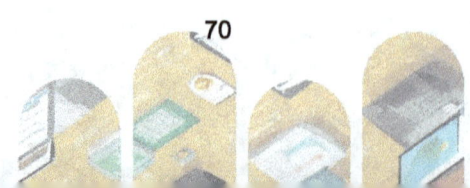

Titre

Paragraphe

Dans cet exemple, les sélecteurs de descendant sont utilisés pour cibler les éléments `<h2>` et `<p>` qui sont des descendants directs de l'élément `<div>`. Le style spécifié en CSS sera appliqué uniquement aux éléments `<h2>` et `<p>` qui sont des enfants directs de l'élément `<div>`, et non pas à d'autres éléments de la page.

Les sélecteurs de descendant sont utiles pour personnaliser le style des éléments spécifiques qui sont structurés de manière hiérarchique dans votre code HTML. En les utilisant correctement, vous pouvez appliquer des styles précisément là où vous en avez besoin, en fonction de la relation entre les éléments dans votre arborescence HTML.

SÉLECTEURS DE GROUPE :

Les sélecteurs de groupe en CSS permettent de regrouper plusieurs sélecteurs et de leur appliquer les mêmes styles en une seule déclaration. Cela vous permet de simplifier votre code CSS en évitant de répéter les mêmes règles pour des sélecteurs différents. Voici un exemple pour illustrer leur utilisation :

HTML :

```html
<h1>Titre principal</h1>
<h2>Sous-titre</h2>
<h3>Autre titre</h3>
```

CSS :

```css
h1, h2, h3 {
    color: blue;
    font-family: Arial, sans-serif;
}
```

Titre principal

Sous-titre

Autre titre

Dans cet exemple, les sélecteurs `h1`, `h2` et `h3` sont regroupés ensemble à l'aide de la virgule dans la déclaration CSS. Les styles définis à l'intérieur des accolades seront appliqués à chacun de ces trois types de titres. Ainsi, tous les titres `<h1>`, `<h2>` et `<h3>` auront la couleur bleue et la police de caractères Arial ou sans-serif.

Les sélecteurs de groupe sont pratiques lorsque vous souhaitez appliquer les mêmes styles à plusieurs éléments différents sans avoir à répéter les règles pour chaque sélecteur individuellement. Cela permet de garder votre code CSS plus concis et plus facile à maintenir.

SÉLECTEURS D'ATTRIBUT :

Les sélecteurs d'attribut en CSS permettent de cibler des éléments en fonction de leurs attributs HTML spécifiques. Cela vous donne la possibilité d'appliquer des styles à des éléments qui possèdent des attributs particuliers. Voici un exemple pour mieux comprendre :

HTML :
```html
<input type="text" placeholder="Entrez votre nom">
<input type="email" placeholder="Entrez votre adresse e-mail">
```

CSS :
```css
input[type="text"] {
  width: 200px;
  padding: 5px;
}

input[type="email"] {
  width: 300px;
  padding: 7px;
}
```

Dans cet exemple, les sélecteurs d'attribut sont utilisés pour cibler les éléments `<input>` qui ont des attributs spécifiques (`type="text"` et `type="email"`). Les styles définis en CSS seront appliqués uniquement aux champs de texte et d'email, en leur attribuant une largeur et un padding différents.

Les sélecteurs d'attribut sont utiles pour personnaliser le style des éléments en fonction de leurs caractéristiques, telles que les types d'entrées dans les formulaires ou d'autres attributs spécifiques. En les utilisant, vous pouvez appliquer des styles différenciés à des éléments qui ont des attributs distincts, ce qui vous permet de personnaliser davantage l'apparence de votre site web en fonction des contextes d'utilisation.

En maîtrisant ces différents types de sélecteurs CSS, vous pourrez personnaliser votre mise en page, styliser vos éléments de manière précise et créer des designs uniques et attrayants pour votre site web. Expérimentez avec les sélecteurs CSS pour donner vie à vos idées de design et pour rendre votre site visuellement captivant pour vos visiteurs.

3.3. MISE EN PAGE ET RESPONSIVE DESIGN AVEC CSS

Dans cette section, nous aborderons la mise en page et le responsive design avec CSS pour créer des sites web qui s'adaptent à différents appareils et tailles d'écrans. Le responsive design consiste à concevoir des sites web qui s'affichent de manière optimale sur tous les types d'appareils, qu'il s'agisse d'ordinateurs de bureau, de tablettes ou de smartphones. Pour ce faire, nous allons explorer quelques concepts essentiels :

LE MODÈLE DE BOÎTE CSS (BOX MODEL)

Le modèle de boîte CSS est un concept fondamental qui définit la manière dont les éléments HTML sont rendus en tant que boîtes rectangulaires avec des dimensions, un remplissage (padding), des marges (margin) et des bordures (border). Comprendre le modèle de boîte est essentiel pour contrôler l'apparence et le positionnement des éléments sur une page web. Voici les composantes principales du modèle de boîte :

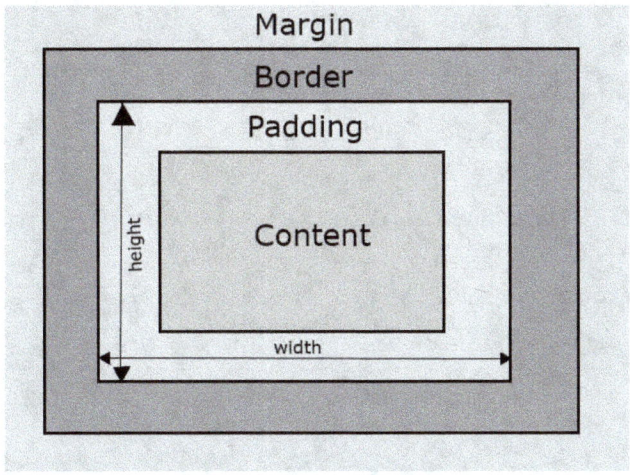

Contenu (Content) : C'est la zone à l'intérieur de la boîte qui contient le contenu textuel, les images ou d'autres éléments.

Remplissage (Padding) : C'est l'espace entre le contenu de la boîte et sa bordure. Le padding permet de définir une distance entre le contenu et la bordure de la boîte.

Bordure (Border) : C'est la ligne qui entoure le contenu et le padding de la boîte. La bordure peut être stylisée avec différentes couleurs, épaisseurs et styles.

Marge (Margin) : C'est l'espace entre la bordure de la boîte et les éléments adjacents. Les marges permettent de définir une distance entre les boîtes voisines.

Voici un exemple pour illustrer le modèle de boîte CSS :

HTML :

```html
<div class="boite"> Contenu de la boîte </div>
```

CSS :

```css
.boite {
    width: 200px; /* Largeur de la boîte */
    height: 100px; /* Hauteur de la boîte */
    padding: 10px; /* Remplissage de 10 pixels à l'intérieur de la boîte */
    border: 1px solid black; /* Bordure de 1 pixel de large en couleur noire */
    margin: 20px; /* Marge de 20 pixels autour de la boîte */
}
```

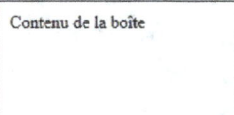

Contenu de la boîte

En comprenant et en manipulant efficacement le modèle de boîte CSS, vous serez en mesure de contrôler précisément l'apparence et l'espacement des éléments sur votre page web, ce qui vous permettra de créer des mises en page bien structurées et esthétiquement agréables. N'hésitez pas à expérimenter avec le modèle de boîte pour maîtriser pleinement sa manipulation et son utilisation dans vos projets de développement web.

POSITIONNEMENT CSS

Le positionnement en CSS permet de contrôler la disposition et l'alignement des éléments sur une page web. Il existe différentes méthodes de positionnement qui offrent une flexibilité pour placer les éléments à l'endroit souhaité. Voici les principaux types de positionnement en CSS :

1. **Positionnement statique (Static) :** C'est le comportement par défaut des éléments HTML. Ils sont positionnés dans l'ordre du flux du document, sans tenir compte des propriétés de positionnement.

2. **Positionnement relatif (Relative) :** Lorsqu'un élément est positionné relativement, il reste dans le flux normal du document, mais peut être déplacé par rapport à sa position initiale en utilisant les propriétés `top`, `right`, `bottom` et `left`.

3. **Positionnement absolu (Absolute) :** Les éléments positionnés de manière absolue sont retirés du flux normal du document et positionnés par rapport à leur premier élément parent qui a une position relative, absolue ou fixe. Cela permet de placer précisément un élément à un endroit spécifique de la page.

4. **Positionnement fixe (Fixed) :** Les éléments positionnés de manière fixe sont positionnés par rapport à la fenêtre du navigateur et restent fixes même lorsque l'utilisateur fait défiler la page. Cela est utile pour les éléments qui doivent rester visibles en tout temps, comme un menu de navigation.

5. **Flexbox et Grid :** Les modèles de mise en page Flexbox et Grid offrent des méthodes plus avancées pour créer des mises en page complexes et réactives. Flexbox est idéal pour les mises en page unidimensionnelles, tandis que Grid est plus adapté aux mises en page bidimensionnelles.

En comprenant les différentes techniques de positionnement en CSS et en les appliquant de manière appropriée, vous pourrez créer des mises en page flexibles, réactives et esthétiques pour vos sites web. Expérimentez avec ces méthodes de positionnement pour obtenir le rendu visuel souhaité et pour optimiser l'expérience utilisateur sur votre site.

MEDIA QUERIES :

Les media queries en CSS permettent de définir des règles de style qui s'appliquent en fonction des caractéristiques de l'appareil sur lequel la page web est affichée, comme la largeur de l'écran. Les media queries sont essentielles pour créer des designs réactifs et adaptatifs qui s'ajustent automatiquement en fonction de la taille de l'écran, offrant ainsi une expérience utilisateur optimale sur tous les appareils. Voici comment fonctionnent les media queries :

Syntaxe :

Les media queries sont définies à l'intérieur des balises `<style>` ou dans un fichier CSS séparé, en utilisant la syntaxe `@media` suivie de la condition sur laquelle appliquer les styles. Par exemple, `@media screen and (max-width: 768px) { ... }` applique les styles lorsque la largeur de l'écran est inférieure ou égale à 768 pixels.

Utilisation :

Les media queries permettent d'adapter les styles en fonction de diverses caractéristiques, telles que la largeur de l'écran, l'orientation, la résolution ou même les fonctionnalités du périphérique. Par exemple, vous pouvez définir des styles spécifiques pour les smartphones, les tablettes ou les écrans d'ordinateur.

Exemple :

Voici un exemple concret d'une media query qui modifie la couleur du texte lorsque la largeur de l'écran est inférieure à 768 pixels :

CSS :

```css
@media screen and (max-width: 768px) {
    body {
        color: blue;
    }
}
```

En utilisant les media queries de manière stratégique, vous pouvez créer des designs réactifs qui s'adaptent de manière fluide à différentes tailles d'écran, offrant ainsi une expérience utilisateur cohérente et agréable sur tous les appareils. Expérimentez avec les media queries pour rendre votre site web plus accessible et convivial, quel que soit le dispositif utilisé pour le consulter.

En comprenant et en maîtrisant ces concepts de mise en page et de responsive design avec CSS, vous serez en mesure de créer des sites web attractifs, fonctionnels et adaptés à une variété de dispositifs, offrant ainsi une expérience utilisateur optimale à vos visiteurs, quel que soit le mode d'accès à votre site.

OPTIMISATION DU CODE HTML ET CSS :

L'optimisation du code HTML et CSS est une pratique essentielle pour améliorer les performances, la lisibilité et la maintenabilité de votre site web. Voici quelques conseils pour optimiser votre code HTML et CSS :

Minification :

La minification consiste à réduire la taille des fichiers HTML et CSS en éliminant les espaces, les commentaires et en raccourcissant les noms de variables. Cela permet de réduire le temps de chargement de la page.

Regroupement des fichiers :

Regroupez les fichiers CSS en un seul fichier pour réduire le nombre de requêtes HTTP et améliorer les performances de chargement de la page.

Utilisation de CSS externes :

Utilisez des fichiers CSS externes au lieu d'inclure du CSS directement dans le fichier HTML pour séparer la structure du style et faciliter la maintenance.

Optimisation des images :

Réduisez la taille des images en utilisant des formats adaptés comme JPEG ou PNG, et en compressant les images pour réduire le poids des fichiers.

Utilisation de techniques de chargement asynchrone :

Utilisez des techniques comme le chargement asynchrone des ressources pour améliorer les performances du site en permettant le chargement simultané de plusieurs éléments.

Nettoyage du code :

Éliminez le code inutile, les balises redondantes et les règles CSS non utilisées pour rendre le code plus léger et plus facile à gérer.

En suivant ces bonnes pratiques d'optimisation du code HTML et CSS, vous pouvez améliorer l'efficacité de votre site web et offrir une expérience utilisateur plus fluide et agréable. N'oubliez pas de tester régulièrement les performances de votre site et d'apporter des ajustements en fonction des retours pour garantir une expérience optimale pour vos utilisateurs.

3.4. Mise en pratique avancés

Travail dirigé : Stylisation d'une liste d'éléments:

Appliquer des styles CSS personnalisés à une liste d'éléments pour améliorer la lisibilité et l'esthétique en modifiant les couleurs, les polices et les marges.

1. Structure HTML de Base :

   - Créez un fichier HTML nommé `index.html`.
   - Ajoutez une structure HTML de base avec une liste non ordonnée (`<ul>`).
   - La liste doit contenir au moins cinq éléments avec du texte de votre choix.

2. Styles CSS pour la Liste :

   - Créez un fichier CSS séparé nommé `styles.css`.
   - Ajoutez des styles pour les éléments de la liste pour améliorer leur apparence.
   - Modifiez les couleurs de fond et de texte, les polices, les marges et les espacements.

3. Style Attendu :

   - <u>Couleurs</u> : Utilisez différentes couleurs de fond pour les éléments de liste afin de les rendre visuellement distincts. Par exemple, alternez les couleurs de fond entre deux teintes.
   - <u>Polices</u> : Utilisez une police lisible et moderne comme Arial, Helvetica ou une police Google Fonts. Le texte doit être de couleur sombre sur un fond clair.

- **Marges et Espacements :** Ajoutez des marges et des espacements pour que les éléments de la liste soient bien séparés et lisibles. Utilisez des marges extérieures (margin) pour espacer les éléments entre eux et des marges intérieures (padding) pour ajouter de l'espace autour du texte à l'intérieur des éléments.

4. Test et Ajustement :

    - Ouvrez votre fichier HTML dans un navigateur et vérifiez l'apparence de la liste.
    - Ajustez les styles CSS si nécessaire pour obtenir une esthétique et une lisibilité optimales.

Travail dirigé : Création d'un menu de navigation adaptable

Développer un menu de navigation qui s'adapte à différents appareils en utilisant des media queries pour gérer le comportement du menu sur les petits écrans. Le menu doit être convivial et fonctionnel sur tous les types d'appareils, y compris les smartphones, les tablettes et les ordinateurs de bureau.

Structure HTML de Base :

- Créez un fichier HTML nommé `index.html`.
- Ajoutez une structure HTML de base avec un menu de navigation en utilisant des listes non ordonnées.
- Le menu doit contenir au moins quatre éléments : Accueil, À Propos, Services, Contact.

Styles CSS pour le Menu de Navigation :

- Créez un fichier CSS séparé nommé `styles.css`.

- Ajoutez des styles pour les éléments du menu de navigation, y compris les effets de survol et les transitions.
- Utilisez des media queries pour ajuster le style du menu sur les petits écrans (moins de 768px de largeur).

Comportement Responsive :

- Sur les grands écrans (768px et plus), le menu doit être horizontal avec les éléments alignés à gauche.
- Sur les petits écrans (moins de 768px), le menu doit être vertical avec les éléments centrés.

Style Attendu :

Couleurs :
Le fond du menu doit être sombre (#333) et le texte blanc. Lors du survol, la couleur de fond des liens doit passer à une teinte plus sombre (#111).

Transitions :
Les changements de couleur de fond doivent être fluides avec une transition de 0.3s.

Alignement :
Les éléments du menu doivent être alignés horizontalement sur les grands écrans et verticalement sur les petits écrans.

Test et Ajustement :

Ouvrez votre fichier HTML dans un navigateur et testez le menu sur différents appareils et tailles d'écran pour vérifier qu'il s'adapte correctement.
Ajustez les styles CSS si nécessaire pour améliorer l'apparence et l'ergonomie du menu.

TRAVAIL DIRIGÉ : CRÉATION D'UNE CARTE DE VISITE

Concevoir une carte de visite virtuelle en utilisant des éléments HTML structurés et des styles CSS pour mettre en valeur les informations clés. La carte de visite doit être esthétiquement plaisante et facile à lire.

1. Structure HTML de Base :

   - Créez un fichier HTML nommé `index.html`.
   - Ajoutez une structure HTML de base avec une section de carte de visite.
   - La carte de visite doit contenir les éléments suivants :
     - Un en-tête avec le nom complet.
     - Un sous-titre avec le titre ou le poste.
     - Une section de contact avec l'email, le numéro de téléphone et l'adresse.
     - Une section de liens sociaux avec des icônes ou des liens vers des profils sociaux (LinkedIn, Twitter, etc.).

2. Styles CSS pour la Carte de Visite :

   - Créez un fichier CSS séparé nommé `styles.css`.
   - Ajoutez des styles pour les éléments de la carte de visite pour les rendre visuellement attractifs.
   - Utilisez des couleurs harmonieuses, des polices lisibles, et des espacements adéquats.

3. Style Attendu :

   - <u>Couleurs :</u> Utilisez une palette de couleurs cohérente avec des couleurs de fond neutres et des accents de couleur pour les éléments importants.
   - <u>Polices :</u> Utilisez une police moderne et lisible comme "Roboto" ou "Open Sans" pour le texte.

- **Mise en Page :** La carte de visite doit être centrée sur la page avec des marges et des espacements adéquats. Les sections doivent être bien séparées avec des bordures ou des ombres portées pour améliorer la lisibilité.
- **Effets :** Ajoutez des effets de survol et des transitions fluides pour les liens et les boutons.

4. Test et Ajustement :

- Ouvrez votre fichier HTML dans un navigateur et vérifiez l'apparence de la carte de visite.
- Ajustez les styles CSS si nécessaire pour obtenir une esthétique et une lisibilité optimales.

QUESTION AVANCÉE : RENDRE LA PAGE RESPONSIVE

Adapter la carte de visite pour qu'elle soit responsive et s'affiche correctement sur différents appareils, y compris les smartphones, les tablettes et les ordinateurs de bureau.

1. Utilisation des Media Queries :

- Ajoutez des media queries pour ajuster les styles en fonction de la taille de l'écran.
- Assurez-vous que la carte de visite s'affiche correctement sur les petits écrans (moins de 768px de largeur) et les grands écrans (768px et plus).

2. Styles CSS pour la Responsivité :

- Ajoutez des styles spécifiques pour les petits écrans afin de garantir que tous les éléments de la carte de visite sont lisibles et bien agencés.

En relevant ces exercices, vous pourrez pratiquer vos compétences en HTML et CSS, expérimenter avec des concepts de base et améliorer progressivement votre maîtrise du développement web. N'hésitez pas à personnaliser ces exercices en fonction de vos intérêts et à explorer de nouvelles idées pour stimuler votre créativité et votre apprentissage.

En conclusion, ce chapitre 3 vous a permis d'approfondir vos connaissances en HTML et CSS, en abordant des concepts plus avancés qui enrichissent votre capacité à créer des pages web sophistiquées. Vous avez appris à organiser le contenu HTML de manière plus complexe, à utiliser des sélecteurs CSS pour cibler des éléments spécifiques, et à mettre en place des mises en page élaborées. De plus, vous avez exploré les principes du responsive design, vous permettant de créer des sites web adaptatifs qui offrent une expérience utilisateur optimale sur différents appareils.

Vous avez renforcé votre maîtrise de l'organisation du contenu HTML, en structurant vos pages de manière plus logique et efficace. Vous avez découvert comment utiliser les sélecteurs CSS pour appliquer des styles précis à des éléments spécifiques, ce qui vous a permis de personnaliser minutieusement l'apparence de vos pages. En outre, vous avez expérimenté avec des techniques de mise en page avancées, telles que les grilles et les flexbox, pour créer des designs complexes et harmonieux. Enfin, vous avez compris l'importance du responsive design et appris à concevoir des pages web qui s'ajustent parfaitement à différents écrans et résolutions.

Grâce à ces compétences avancées, vous êtes désormais bien équipé pour créer des sites web à la fois esthétiquement plaisants et fonctionnels. Dans le prochain chapitre, nous aborderons les bonnes pratiques et les conseils pour devenir un développeur web accompli. Nous discuterons des règles de base en matière de développement web, de l'accessibilité, de la compatibilité des sites, ainsi que des outils et ressources utiles pour continuer à progresser. Préparez-vous à compléter vos connaissances techniques par des pratiques professionnelles qui vous permettront de créer des sites web de haute qualité.

Chapitre 4 : Bonnes Pratiques et Conseils

Dans ce chapitre, nous aborderons des aspects essentiels du développement web liés aux bonnes pratiques et aux conseils pour optimiser la qualité, la compatibilité et l'accessibilité de vos sites web. Nous explorerons les règles de base en matière de développement web, l'importance de l'accessibilité et de la compatibilité des sites, les outils et ressources utiles pour les développeurs web, ainsi que des conseils pour continuer à progresser et à se perfectionner dans ce domaine en constante évolution.

En suivant ces recommandations et en mettant en pratique les conseils proposés, vous serez en mesure d'améliorer vos compétences en développement web, de créer des sites web plus performants et conviviaux, et de vous positionner en tant que professionnel compétent dans le domaine du web développement.

4.1. RÈGLES DE BASE EN MATIÈRE DE DÉVELOPPEMENT WEB

Lorsqu'il s'agit de développement web, il est essentiel de respecter certaines règles de base pour garantir la qualité, la fiabilité et la performance de vos sites web. Voici quelques règles fondamentales à suivre :

ÉCRIRE UN CODE PROPRE ET BIEN STRUCTURÉ :

Lorsque vous développez un site web, il est crucial d'écrire un code propre et bien structuré pour faciliter la lecture, la maintenance et la collaboration avec d'autres développeurs. Voici quelques éléments clés à prendre en compte pour assurer la propreté et la structure de votre code :

Indentation :

Utilisez une indentation cohérente pour organiser visuellement votre code. Indentez chaque niveau de bloc de code (balises HTML, règles CSS, fonctions JavaScript) de manière uniforme, par exemple avec des espaces ou des tabulations.

Organisation logique :

Structurez votre code de manière logique en regroupant les éléments connexes ensemble. Par exemple, regroupez les styles CSS relatifs à un même composant dans une même section ou divisez votre code JavaScript en fonctions liées à des tâches spécifiques.

Nommage significatif :

Utilisez des noms de classe, d'ID, de fonctions et de variables significatifs et descriptifs. Évitez les noms génériques comme "div1" ou "style1" qui ne donnent aucune indication sur leur but réel.

Élimination des redondances :

Évitez la répétition de code en utilisant des classes CSS réutilisables, des fonctions JavaScript génériques et des modèles de conception comme l'héritage et la composition pour optimiser la réutilisation du code.

Commentaires explicatifs :

Ajoutez des commentaires clairs et pertinents pour expliquer le fonctionnement, la logique et les intentions derrière votre code. Les commentaires aident non seulement les autres développeurs à comprendre votre code, mais aussi vous-même lors de la relecture ultérieure.

En suivant ces principes de base pour écrire un code propre et bien structuré, vous faciliterez la maintenance, la collaboration et l'évolutivité de votre code, ce qui contribuera à la qualité et à la fiabilité de vos sites web.

RESPECTER LES NORMES DE CODAGE :

Lorsque vous développez des sites web, il est essentiel de suivre les normes de codage recommandées pour le langage que vous utilisez (HTML, CSS, JavaScript, etc.). Respecter ces normes vous permettra de garantir la cohérence, la lisibilité et la compatibilité de votre code. Voici quelques conseils pour respecter les normes de codage :

HTML :

Utilisez des balises HTML de manière appropriée et sémantique pour structurer votre contenu. Suivez les recommandations du W3C (World Wide Web Consortium) pour assurer une bonne qualité du code HTML.

CSS :

Organisez vos règles CSS de manière logique et cohérente. Utilisez des conventions de nommage pour les classes et les IDs afin de simplifier la maintenance du code. Veillez à respecter les bonnes pratiques CSS pour garantir la compatibilité et la lisibilité.

Frameworks et bibliothèques :

Si vous utilisez des frameworks ou des bibliothèques externes, assurez-vous de suivre les conventions et les bonnes pratiques de ces outils pour une utilisation optimale.

En respectant les normes de codage adaptées à chaque langage et en suivant les bonnes pratiques recommandées par les organismes et les communautés de développement web, vous pourrez créer un code plus cohérent, plus lisible et plus facile à maintenir. Cela contribuera à la qualité et à la pérennité de vos projets web.

UTILISER DES COMMENTAIRES :

Les commentaires sont des éléments essentiels dans le code source d'un site web, car ils permettent aux développeurs de documenter et expliquer leur travail de manière claire et concise. Voici quelques points importants à prendre en compte concernant l'utilisation des commentaires dans le code :

But des commentaires :

Les commentaires servent à expliquer le fonctionnement d'une partie de code, à fournir des indications sur le but d'une fonction ou d'une section, à documenter les choix de conception et à faciliter la compréhension du code pour les développeurs qui le consultent.

Clarté et concision :

Les commentaires doivent être clairs, concis et pertinents. Évitez les commentaires trop longs ou redondants, et privilégiez des explications précises qui apportent une réelle valeur ajoutée à la compréhension du code.

Emplacement des commentaires :

Placez les commentaires à des endroits stratégiques dans votre code, notamment pour expliquer des portions complexes, des solutions alternatives ou des zones sensibles qui nécessitent une explication supplémentaire.

Convention de commentaire :

Adoptez une convention de commentaire cohérente dans l'ensemble de votre code pour garantir une uniformité et une lisibilité optimales. Utilisez des symboles ou des balises spécifiques pour distinguer les commentaires des autres lignes de code.

Mise à jour des commentaires :

Assurez-vous de maintenir vos commentaires à jour au fil des évolutions du code. Lorsque vous apportez des modifications significatives, pensez à mettre à jour les commentaires correspondants pour refléter les changements effectués.

En intégrant judicieusement des commentaires explicatifs et bien structurés dans votre code, vous faciliterez la collaboration, la maintenance et la compréhension de votre travail par vous-même et par d'autres développeurs. Les commentaires sont un outil précieux pour documenter et expliquer efficacement votre code, ce qui contribuera à sa qualité et à sa durabilité sur le long terme.

TESTER RÉGULIÈREMENT :

Lors du développement d'un site web, la phase de test est cruciale pour s'assurer du bon fonctionnement, de la compatibilité et de la performance du site avant sa mise en production. Voici quelques éléments à prendre en compte pour tester efficacement votre site web :

Compatibilité des navigateurs :

Testez votre site sur différents navigateurs web populaires tels que Google Chrome, Mozilla Firefox, Safari et Microsoft Edge pour vous assurer qu'il s'affiche correctement et fonctionne de manière cohérente sur chaque navigateur.

Compatibilité des appareils :

Vérifiez la compatibilité de votre site sur différents types d'appareils (ordinateurs de bureau, tablettes, smartphones) et assurez-vous qu'il est responsive, c'est-à-dire qu'il s'adapte correctement à toutes les tailles d'écran.

Contrôle de la qualité :

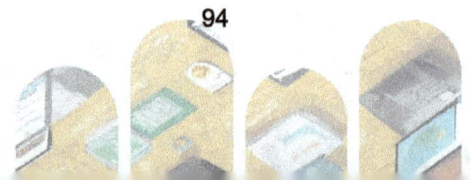

Effectuez des tests de qualité pour vérifier que toutes les fonctionnalités du site fonctionnent correctement, que les liens sont valides, que les formulaires sont opérationnels et que l'expérience utilisateur est fluide.

Performance :

Mesurez les performances de votre site en termes de vitesse de chargement, d'optimisation des images, de mise en cache et d'optimisation des ressources pour garantir une expérience utilisateur optimale.

Tests d'accessibilité :

Vérifiez l'accessibilité de votre site en utilisant des outils d'audit et en vous mettant à la place d'utilisateurs ayant des besoins spécifiques (utilisateurs malvoyants, utilisateurs atteints de daltonisme, etc.).

Tests de sécurité :

Assurez-vous que votre site est sécurisé en effectuant des tests de sécurité pour détecter d'éventuelles vulnérabilités et en suivant les bonnes pratiques en matière de protection des données et de confidentialité.

En réalisant des tests réguliers et approfondis tout au long du processus de développement, vous pourrez identifier et corriger rapidement les éventuels problèmes, garantissant ainsi la qualité, la fiabilité et la performance de votre site web avant sa mise en ligne.

OPTIMISER LES PERFORMANCES :

L'optimisation des performances d'un site web est un aspect crucial pour garantir une expérience utilisateur fluide, rapide et satisfaisante. Voici quelques conseils pour optimiser les performances de votre site :

Réduire la taille des fichiers :

Minimisez la taille des fichiers CSS, JavaScript et images en les comprimant et en supprimant les éléments inutiles. Cela contribuera à réduire le temps de chargement global de la page.

Minification du code :

Utilisez des outils de minification pour compresser votre code CSS et JavaScript en supprimant les espaces, les commentaires et les caractères superflus. La minification permet d'alléger les fichiers et d'accélérer leur chargement.

Utilisation de la mise en cache :

Activez la mise en cache des ressources statiques de votre site (images, fichiers CSS et JavaScript) pour réduire le temps de chargement des pages en stockant ces ressources localement sur l'appareil de l'utilisateur.

Optimisation des images :

Redimensionnez et compressez les images pour réduire leur taille sans compromettre leur qualité visuelle. Utilisez des formats d'image adaptés tels que JPEG ou WebP pour garantir des temps de chargement rapides.

Élimination des redirections inutiles :

Limitez le nombre de redirections sur votre site pour éviter les allers-retours superflus entre les pages, ce qui peut ralentir le chargement des contenus.

Chargement asynchrone :

Utilisez le chargement asynchrone pour les ressources externes telles que les scripts et les polices, afin d'optimiser le processus de chargement de la page et d'éviter les blocages.

En mettant en œuvre ces stratégies d'optimisation des performances, vous améliorerez la vitesse de chargement de votre site web, ce qui aura un impact positif sur l'expérience utilisateur et le référencement. Une performance optimisée contribuera à fidéliser les visiteurs et à favoriser un meilleur classement de votre site dans les résultats des moteurs de recherche.

SAUVEGARDER RÉGULIÈREMENT :

La sauvegarde régulière de votre travail est une pratique essentielle pour éviter toute perte de données, que ce soit en cas de problème technique, de corruption de fichiers ou d'erreur humaine. Voici quelques éléments importants à considérer en matière de sauvegarde :

Plan de sauvegarde :

Établissez un plan de sauvegarde clair et définissez la fréquence à laquelle vous effectuerez des sauvegardes (quotidiennes, hebdomadaires, mensuelles). Identifiez les éléments à sauvegarder, tels que le code source, les fichiers médias et la base de données.

Méthodes de sauvegarde :

Utilisez des méthodes de sauvegarde fiables et sécurisées, telles que le stockage sur un serveur distant, l'utilisation de services cloud ou l'enregistrement sur des supports de stockage externes. Assurez-vous que vos sauvegardes sont accessibles et facilement récupérables en cas de besoin.

Automatisation :

Automatisez le processus de sauvegarde autant que possible en utilisant des outils ou des scripts pour planifier et exécuter les sauvegardes à des intervalles réguliers. L'automatisation réduit les risques d'oubli et garantit une sauvegarde régulière et fiable de vos données.

Vérification des sauvegardes :

Assurez-vous de vérifier régulièrement l'intégrité de vos sauvegardes en les restaurant sur un environnement de test pour vous assurer qu'elles sont complètes et fonctionnelles. La vérification des sauvegardes est essentielle pour garantir leur efficacité en cas de besoin.

Gestion des versions :

Utilisez un système de contrôle de version tel que Git pour suivre les modifications apportées à votre code source, gérer les versions et collaborer efficacement avec d'autres développeurs. Le contrôle de version permet de revenir à des versions antérieures en cas d'erreur ou de problème.

En mettant en place une stratégie de sauvegarde efficace et en respectant les bonnes pratiques en matière de gestion des données, vous pourrez prévenir les pertes de données et garantir la disponibilité et l'intégrité de votre travail en cas d'incident. La sauvegarde régulière est une mesure préventive essentielle pour assurer la continuité de vos projets web et éviter les conséquences désastreuses d'une perte de données.

En respectant ces règles de base en matière de développement web, vous pourrez créer des sites web de haute qualité, fiables et performants, offrant ainsi une expérience utilisateur optimale à vos visiteurs.

4.2. ACCESSIBILITÉ ET COMPATIBILITÉ DES SITES WEB

Dans ce volet, nous aborderons l'importance cruciale de l'accessibilité et de la compatibilité des sites web pour garantir une expérience utilisateur optimale, inclusive et respectueuse des normes d'accessibilité. Nous discuterons des avantages de rendre un site web accessible à tous les utilisateurs, quel que soit leur handicap ou leur dispositif, ainsi que des bonnes pratiques à suivre pour assurer la compatibilité sur différents navigateurs et appareils.

En mettant l'accent sur l'accessibilité et la compatibilité, vous pourrez atteindre un public plus large, améliorer la convivialité de votre site web et vous conformer aux normes et aux réglementations en vigueur en matière d'accessibilité numérique.

ACCESSIBILITÉ :

L'accessibilité d'un site web fait référence à sa capacité à être utilisé et compris par un large éventail d'utilisateurs, y compris les personnes en situation de handicap. En rendant un site web accessible, vous garantissez que tous les utilisateurs, quels que soient leurs besoins et leurs capacités, peuvent naviguer, interagir et accéder aux contenus de manière efficace. Voici quelques avantages de l'accessibilité des sites web :

Inclusion :

L'accessibilité favorise l'inclusion en permettant à tous les utilisateurs, y compris ceux ayant des limitations physiques, sensorielles ou cognitives, de bénéficier d'une expérience en ligne équitable.

Amélioration de l'expérience utilisateur :

Un site web accessible offre une meilleure expérience utilisateur pour tous, en garantissant une navigation fluide, des contenus clairs et une interactivité adaptée à chacun.

Conformité réglementaire :

En rendant votre site web accessible, vous vous conformez aux réglementations et aux normes d'accessibilité telles que les WCAG (Web Content Accessibility Guidelines), ce qui peut contribuer à éviter les litiges et à renforcer l'image de votre entreprise.

COMPATIBILITÉ :

La compatibilité d'un site web concerne sa capacité à s'afficher et à fonctionner correctement sur une variété de navigateurs web et d'appareils, tels que les ordinateurs de bureau, les tablettes et les smartphones. Assurer la compatibilité de votre site web est essentiel pour offrir une expérience cohérente à tous les utilisateurs, quel que soit leur environnement de navigation. Voici quelques avantages de la compatibilité des sites web :

Uniformité de l'expérience :

Une conception compatible garantit une expérience utilisateur cohérente sur tous les navigateurs et appareils, ce qui renforce la crédibilité de votre site web et fidélise les visiteurs.

Optimisation du référencement :

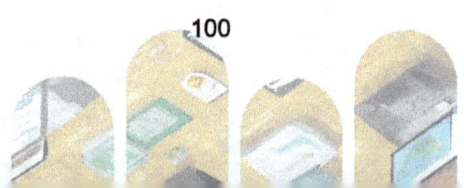

Un site web compatible bénéficie d'une meilleure visibilité dans les moteurs de recherche, car les algorithmes de recherche favorisent les sites web qui offrent une expérience utilisateur fluide et adaptée à tous les dispositifs.

Élargissement de l'audience :

En assurant la compatibilité sur une large gamme de navigateurs et d'appareils, vous augmentez la portée de votre site web et atteignez un public plus diversifié, ce qui peut potentiellement augmenter le trafic et l'engagement.

En priorisant l'accessibilité et la compatibilité dans le développement de votre site web, vous créez une expérience utilisateur inclusive, engageante et universellement accessible, ce qui renforce la qualité et la pertinence de votre présence en ligne.

4.3. Outils et ressources utiles pour les développeurs web

Dans ce volet, nous allons explorer divers outils et ressources qui peuvent être précieux pour les développeurs web, que ce soit pour faciliter le processus de développement, optimiser les performances des sites web ou simplifier les tâches récurrentes. Voici quelques catégories d'outils et de ressources que les développeurs web peuvent trouver utiles :

Outils de développement :

Des éditeurs de code tels que Visual Studio Code, Sublime Text ou Atom, des outils de gestion de versions comme Git, des préprocesseurs CSS tels que Sass ou Less, et des frameworks front-end comme Bootstrap ou Foundation.

Outils de test et de débogage :

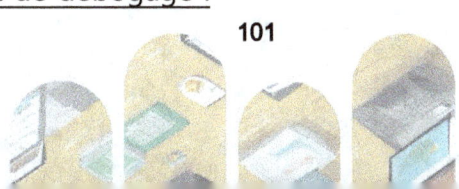

Des outils de test automatisé comme Selenium, des outils de validation du code comme W3C Validator, des extensions de navigateur comme Web Developer, et des outils de débogage intégrés aux navigateurs.

Outils d'optimisation des performances :

Des outils de mesure de la vitesse de chargement comme Google PageSpeed Insights, des outils de compression d'images comme TinyPNG, des outils de mise en cache comme WP Rocket pour WordPress, et des outils de surveillance de l'uptime comme Pingdom.

Outils de design et de prototypage :

Des logiciels de design graphique comme Adobe XD, Sketch ou Figma, des outils de prototypage comme InVision ou Marvel, et des bibliothèques d'icônes et de polices comme Font Awesome ou Google Fonts.

Ressources communautaires :

Des plateformes de partage de code comme GitHub, des forums de discussion comme Stack Overflow, des blogs et des tutoriels en ligne, des livres et des formations en ligne pour continuer à se former et à progresser en développement web.

En exploitant ces outils et ressources de manière judicieuse, les développeurs web peuvent gagner en productivité, en efficacité et en qualité dans leurs projets. Ils peuvent également rester informés des dernières tendances, des bonnes pratiques et des solutions innovantes pour continuer à évoluer dans le domaine du développement web.

4.4. Conseils pour continuer à progresser et se perfectionner

Dans ce volet, nous allons explorer divers outils et ressources qui peuvent être précieux pour les développeurs web, que ce soit pour faciliter le processus de développement, optimiser les performances des sites web ou simplifier les tâches récurrentes. Voici quelques catégories d'outils et de ressources que les développeurs web peuvent trouver utiles :

Outils de développement :

Des éditeurs de code tels que Visual Studio Code, Sublime Text ou Atom, des outils de gestion de versions comme Git, des préprocesseurs CSS tels que Sass ou Less, et des frameworks front-end comme Bootstrap ou Foundation.

Outils de test et de débogage :

Des outils de test automatisé comme Selenium, des outils de validation du code comme W3C Validator, des extensions de navigateur comme Web Developer, et des outils de débogage intégrés aux navigateurs.

Outils d'optimisation des performances :

Des outils de mesure de la vitesse de chargement comme Google PageSpeed Insights, des outils de compression d'images comme TinyPNG, des outils de mise en cache comme WP Rocket pour WordPress, et des outils de surveillance de l'uptime comme Pingdom.

Outils de design et de prototypage :

Des logiciels de design graphique comme Adobe XD, Sketch ou Figma, des outils de prototypage comme InVision ou Marvel, et des bibliothèques d'icônes et de polices comme Font Awesome ou Google Fonts.

Ressources communautaires :

Des plateformes de partage de code comme GitHub, des forums de discussion comme Stack Overflow, des blogs et des tutoriels en ligne, des livres et des formations en ligne pour continuer à se former et à progresser en développement web.

En exploitant ces outils et ressources de manière judicieuse, les développeurs web peuvent gagner en productivité, en efficacité et en qualité dans leurs projets. Ils peuvent également rester informés des dernières tendances, des bonnes pratiques et des solutions innovantes pour continuer à évoluer dans le domaine du développement web.

En conclusion, ce chapitre 4 a abordé des aspects essentiels du développement web qui vont au-delà du simple codage. Nous avons exploré les bonnes pratiques et les principes fondamentaux nécessaires pour devenir un développeur web compétent. Vous avez compris l'importance de rendre vos sites web accessibles à tous, y compris aux personnes ayant des handicaps, en appliquant les standards d'accessibilité.

Nous avons également discuté de la compatibilité entre navigateurs, ce qui vous permet de garantir que vos créations fonctionnent correctement sur différents navigateurs et dispositifs. L'optimisation des performances a été un autre point clé, vous apprenant à minimiser les temps de chargement et à améliorer l'expérience utilisateur. Vous avez découvert des outils et des techniques pour tester et déboguer vos sites web, assurant leur bon fonctionnement avant leur mise en ligne.

En vous familiarisant avec ces bonnes pratiques et en prenant conscience des enjeux liés à l'accessibilité, à la compatibilité et aux performances, vous êtes désormais mieux préparé à créer des sites web professionnels et de haute qualité. Vous disposez d'une base solide pour continuer à améliorer vos compétences et à produire des pages web qui ne sont pas seulement belles, mais aussi fonctionnelles et accessibles à tous.

CONCLUSION

Dans ce guide, nous avons exploré divers aspects du développement web, en mettant l'accent sur les bonnes pratiques, les conseils essentiels et les outils utiles pour les développeurs. Nous avons souligné l'importance de suivre des règles de base en matière de développement web, en mettant en avant des principes fondamentaux tels que la structure du code, l'organisation des fichiers et la documentation.

Nous avons également abordé l'importance de l'accessibilité et de la compatibilité des sites web pour garantir une expérience utilisateur optimale et inclusive. En rendant nos sites accessibles à tous et compatibles sur différents navigateurs et appareils, nous pouvons atteindre un public plus large et offrir une expérience cohérente à nos utilisateurs.

En explorant les outils et les ressources utiles pour les développeurs web, nous avons mis en lumière des solutions pratiques pour faciliter le processus de développement, optimiser les performances des sites web et rester informés des dernières tendances et des bonnes pratiques du secteur.

Enfin, nous avons partagé des conseils pour continuer à progresser et à se perfectionner en tant que développeur web, en encourageant la formation continue, l'exploration de nouvelles technologies et l'engagement dans la communauté des développeurs.

En combinant ces éléments clés, les développeurs web peuvent renforcer leur expertise, améliorer la qualité de leurs projets et offrir des expériences en ligne exceptionnelles à leurs utilisateurs. Le développement web est un domaine en constante évolution, et en restant informés, flexibles et engagés, nous pouvons relever les défis et saisir les opportunités offertes par ce secteur passionnant.

Félicitations pour avoir suivi ce guide jusqu'au bout ! Vous avez désormais une base solide en HTML et CSS et avez créé un projet web complet. Continuez à explorer et à perfectionner vos compétences en réalisant des mini-projets ludiques pour renforcer vos compétences et rendre l'apprentissage plus captivant. Bonne continuation dans votre apprentissage!

Solutions

Avant de vous lancer à corps perdu dans ce recueil de réponses à vos interrogations, j'aimerais vous faire comprendre que les solutions présentées ici sont des propositions de réponse parmi de nombreuses façons possibles de coder chaque exercice. Par conséquent, votre code peut différer légèrement de ces exemples. Ces solutions sont conçues pour vous guider dans votre travail, vous inspirer, et surtout vous aider à comprendre les concepts. N'hésitez pas à expérimenter différentes approches pour mieux saisir les idées et perfectionner vos compétences.

Et surtout, amusez-vous ! Prenez un bon café pour rester éveillé et motivé. Vous êtes sur le point de devenir un véritable ninja du code !

Solutions : Chapitre 1

Travail dirigé : Création d'une page de présentation :

Voici un exemple de code HTML pour créer une page de présentation personnelle en utilisant les balises de base du langage HTML :

```html
<!DOCTYPE html>
<html lang="fr">
<head>
    <meta charset="UTF-8">
    <meta name="viewport" content="width=device-width, initial-scale=1.0">
    <title>Ma Page de Présentation</title>
</head>
<body>
    <header>
        <h1>Nom Prénom</h1>
    </header>

    <main>
        <section>
            <h2>À propos de moi</h2>
```

```html
            <p>Je suis passionné(e) par le développement web et j'aime créer des sites web innovants.</p>
        </section>

        <section>
            <h2>Mes Compétences</h2>
            <ul>
                <li>HTML</li>
                <li>CSS</li>
                <li>JavaScript</li>
            </ul>
        </section>

        <section>
            <h2>Me Contacter</h2>
            <p>Vous pouvez me contacter par email à : <a href="mailto:monadresse@mail.com">monadresse@mail.com</a></p>
        </section>

        <section>
            <h2>Photo de Profil</h2>
            <img src="photo-profil.jpg" alt="Photo de Profil">
        </section>
    </main>

    <footer>
        <p>Suivez-moi sur <a href="http://www.example.com">Instagram</a></p>
    </footer>
</body>
</html>
```

Nom Prénom

À propos de moi

Je suis passionné(e) par le développement web et j'aime créer des sites web innovants.

Mes Compétences

- HTML
- CSS
- JavaScript

Me Contacter

Vous pouvez me contacter par email à : monadresse@mail.com

Photo de Profil

Photo de Profil

Suivez-moi sur Instagram

Ce code HTML crée une page de présentation simple avec une en-tête contenant le nom et prénom, des sections décrivant à propos de vous, vos compétences, vos coordonnées, une photo de profil, et un pied de page avec un lien vers un profil social. Vous pouvez personnaliser ce code en remplaçant les informations par les vôtres et en ajoutant d'autres éléments selon vos besoins.

TRAVAIL DIRIGÉ : LISTE DE COURSE

Voici les instructions pour réaliser l'exercice :

1. Créez un nouveau fichier HTML en utilisant un éditeur de code tel que Visual Studio Code ou tout autre éditeur de votre choix.

2. Définissez la structure de base de votre page HTML en incluant les balises `<html>`, `<head>` et `<body>`.

3. Ajoutez un titre significatif à votre page en utilisant la balise `<title>` dans la section `<head>`.

4. À l'intérieur de la balise `<body>`, créez des en-têtes `<h2>` pour chaque catégorie de produits de votre liste de courses (ex : Fruits et Légumes, Produits Laitiers, Viande et Poisson, Produits Secs).

5. Utilisez des balises de liste non ordonnée `<ul>` pour les catégories qui n'ont pas besoin d'un ordre spécifique (Fruits et Légumes, Produits Laitiers, Produits Secs).

6. Utilisez des balises de liste ordonnée `<ol>` pour les catégories qui nécessitent un ordre spécifique (Viande et Poisson).

7. À l'intérieur de chaque liste, utilisez des balises `<li>` pour chaque élément de la liste (ex : Pommes, Bananes, Lait, etc.).

8. Pour la catégorie des Poivrons, créez une liste imbriquée en utilisant une nouvelle balise `<ul>` à l'intérieur de l'élément `<li>` correspondant aux Poivrons. Utilisez des balises `<li>` pour les poivrons rouges et verts.

9. En option, ajoutez des liens `<a>` vers des recettes ou des sites de cuisine pour chaque ingrédient si vous le souhaitez.

Travail dirigé : Page de blog

Voici un exemple de code HTML pour créer une page de blog simple en incluant des articles avec des titres, des paragraphes, des images, des liens de navigation entre les articles et un formulaire de commentaire :

```html
<!DOCTYPE html>
<html lang="fr">
<head>
    <meta charset="UTF-8">
    <meta name="viewport" content="width=device-width, initial-scale=1.0">
    <title>Mon Blog</title>
</head>
<body>
    <h1>Mon Blog</h1>

    <article id="article1">
        <h2>Article 1</h2>
        <img src="article1.jpg" alt="Image de l'article 1">
        <p>Ceci est le contenu de l'article 1.</p>
        <a href="article1.html">Lire la suite</a>
    </article>

    <article id="article2">
        <h2>Article 2</h2>
        <img src="article2.jpg" alt="Image de l'article 2">
        <p>Ceci est le contenu de l'article 2.</p>
        <a href="article2.html">Lire la suite</a>
    </article>

    <nav>
        <a href="#article1">Article 1</a> | <a href="#article2">Article 2</a>
    </nav>
</body>
</html>
```

Mon Blog

Article 1

Image de l'article 1

Ceci est le contenu de l'article 1.

Lire la suite

Article 2

Image de l'article 2

Ceci est le contenu de l'article 2.

Lire la suite
Article 1 | Article 2

Ce code HTML crée une page de blog simple avec deux articles contenant des titres, des paragraphes, des images, des liens vers des articles complets et des formulaires de commentaire. Vous pouvez personnaliser ce code en ajoutant d'autres articles, en stylisant la page avec du CSS et en ajoutant des fonctionnalités supplémentaires selon vos besoins.

Travail dirigé : Création d'une page de contact

Voici un exemple de code HTML pour créer une page de contact avec un formulaire de contact en utilisant des balises de formulaire HTML de base :

```
<!DOCTYPE html>
<html lang="fr">
<head>
```

```html
    <meta charset="UTF-8">
    <meta name="viewport" content="width=device-width, initial-scale=1.0">
    <title>Contact</title>
</head>
<body>
    <h1>Contactez-nous</h1>

    <form action="envoyer_message.php" method="post">
        <label for="nom">Nom :</label>
        <input type="text" id="nom" name="nom" required>

        <label for="email">E-mail :</label>
        <input type="email" id="email" name="email" required>

        <label for="sujet">Sujet :</label>
        <input type="text" id="sujet" name="sujet" required>

        <label for="message">Message :</label>
        <textarea id="message" name="message" rows="4" required></textarea>

        <input type="submit" value="Envoyer">
    </form>
</body>
</html>
```

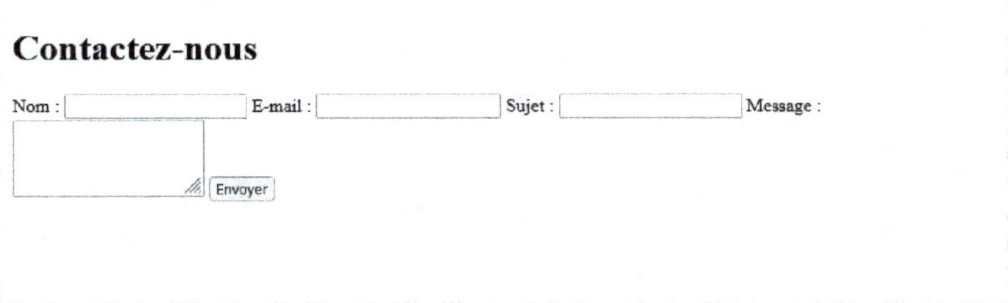

Ce code HTML crée une page de contact avec un formulaire comprenant des champs pour le nom, l'e-mail, le sujet et le message. L'utilisateur doit saisir des informations dans les champs obligatoires avant de pouvoir envoyer le formulaire. Lorsque l'utilisateur appuie sur le bouton "Envoyer", les données du formulaire seront envoyées à l'URL spécifiée dans l'attribut `action` du formulaire en utilisant la méthode `POST`.

Vous pouvez personnaliser ce formulaire en ajoutant d'autres champs, en modifiant le style avec du CSS, ou en ajoutant des fonctionnalités de validation côté client ou côté serveur selon vos besoins.

Solutions : Chapitre 2

Travail dirigé : Modifier les couleurs

1. Créez un fichier HTML de base :

```html
<!DOCTYPE html>
<html lang="fr">
<head>
    <meta charset="UTF-8">
    <title>Modifier les couleurs</title>
    <link rel="stylesheet" href="styles.css"> <!-- Lien vers le fichier CSS -->
</head>
<body>
    <h1>Exercice : Modifier les couleurs</h1>
    <p class="texte-rouge">Ceci est un paragraphe en rouge.</p>
    <p class="texte-vert">Ceci est un paragraphe en vert.</p>
    <p class="texte-bleu">Ceci est un paragraphe en bleu.</p>
</body>
</html>
```

2. Ajoutez des classes CSS pour modifier les couleurs :

Dans le fichier `styles.css` :

```css
/* Fichier styles.css */

.texte-rouge {
    color: red; /* Change la couleur du texte en rouge */
}

.texte-vert {
    color: green; /* Change la couleur du texte en vert */
}

.texte-bleu {
    color: blue; /* Change la couleur du texte en bleu */
}
```

3. Liez le fichier CSS au fichier HTML :

Assurez-vous que la balise `<link>` dans votre fichier HTML pointe vers le fichier CSS correctement, comme montré ci-dessus.

4. Appliquez les classes CSS aux éléments HTML :

Dans votre fichier HTML, appliquez les classes CSS aux éléments que vous souhaitez colorer. Vous avez déjà fait cela dans l'exemple ci-dessus avec les paragraphes.

GUIDE :

- **Étape 1** : Créez le fichier `index.html` et ajoutez la structure HTML de base.
- **Étape 2** : Créez le fichier `styles.css` et ajoutez les classes `.texte-rouge`, `.texte-vert`, et `.texte-bleu` avec les propriétés de couleur appropriées.

- **Étape 3 :** Liez le fichier CSS à votre fichier HTML en utilisant la balise `<link>` dans la section `<head>` de votre fichier HTML.
- **Étape 4 :** Appliquez les classes CSS aux éléments HTML en utilisant l'attribut `class` dans les balises de paragraphe.

Résultat attendu : Chaque paragraphe aura une couleur de texte différente (rouge, vert, bleu) en fonction de la classe CSS appliquée. Expérimentez en changeant les couleurs dans le fichier CSS pour voir comment cela affecte l'apparence des paragraphes.

Exercice : Modifier les couleurs

Ceci est un paragraphe en rouge.
Ceci est un paragraphe en vert.
Ceci est un paragraphe en bleu.

TRAVAIL DIRIGÉ : STYLISER LES LIENS

ÉTAPE 1 : CRÉER LA STRUCTURE HTML DE BASE

Créez un fichier HTML nommé `index.html` et ajoutez-y le code suivant :

```html
<!DOCTYPE html>
<html lang="en">
<head>
    <meta charset="UTF-8">
    <meta http-equiv="X-UA-Compatible" content="IE=edge">
```

```html
        <meta name="viewport" content="width=device-width, initial-scale=1.0">
        <title>Styliser les liens</title>
        <link rel="stylesheet" href="styles.css">
</head>
<body>
        <h1>Exercice de stylisation des liens</h1>
        <nav>
                <a href="#">Accueil</a>
                <a href="#">À propos</a>
                <a href="#">Services</a>
                <a href="#">Contact</a>
        </nav>
</body>
</html>
```

ÉTAPE 2 : AJOUTER DES STYLES CSS POUR LES LIENS

Créez un fichier CSS nommé `styles.css` et ajoutez-y le code suivant :

```css
/* styles.css */

/* Style de base pour les liens */
a {
    text-decoration: none; /* Enlever le soulignement par défaut */
    color: #007bff; /* Couleur du texte des liens */
    font-weight: bold; /* Gras pour mettre en valeur */
    padding: 5px; /* Ajout d'un peu d'espace autour des liens */
    transition: color 0.3s ease, background-color 0.3s ease; /* Transition douce pour les effets */
}

/* Style des liens au survol */
a:hover {
    color: #fff; /* Couleur du texte des liens au survol */
```

```css
    background-color: #007bff; /* Couleur de fond au survol */
    text-decoration: underline; /* Ajout du soulignement au survol */
}

/* Style des liens visités */
a:visited {
    color: #6c757d; /* Couleur des liens visités */
}

/* Style des liens actifs */
a:active {
    color: #343a40; /* Couleur des liens actifs */
    background-color: #ffc107; /* Couleur de fond des liens actifs */
}
```

Étape 3 : Lier le fichier CSS au fichier HTML

Le fichier CSS est déjà lié au fichier HTML grâce à la balise `<link>` dans le `<head>` de votre document HTML :

```html
<link rel="stylesheet" href="styles.css">
```

Étape 4 : Tester et ajuster les styles

Ouvrez le fichier `index.html` dans votre navigateur pour observer les effets des styles appliqués aux liens. Vous pouvez ensuite ajuster les styles dans le fichier `styles.css` pour obtenir le résultat souhaité.

Résultat attendu :

Les liens n'ont pas de soulignement par défaut.

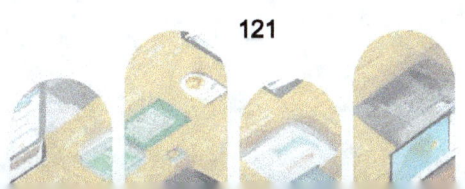

- Les liens ont une couleur bleue (#007bff) et sont en gras.
- Au survol, les liens changent de couleur de texte à blanc et ont une couleur de fond bleue avec un soulignement ajouté.
- Les liens visités ont une couleur gris foncé (#6c757d).
- Les liens actifs ont une couleur de texte gris foncé (#343a40) et une couleur de fond jaune (#ffc107).

Exercice de stylisation des liens

Accueil À propos Services Contact

Bonne chance avec l'exercice! N'hésitez pas à expérimenter avec différentes couleurs et styles pour mieux comprendre comment CSS peut être utilisé pour styliser les liens sur une page web.

MINI-PROJET : STYLISER LES FORMULAIRE :

1. Créez un fichier HTML de base :

```html
<!DOCTYPE html>
<html lang="fr">
<head>
    <meta charset="UTF-8">
    <title>Styliser les formulaires</title>
    <link rel="stylesheet" href="styles.css"> <!-- Lien vers le fichier CSS -->
</head>
<body>
    <h1>Exercice : Styliser les formulaires</h1>
    <form>
        <!-- Champ de saisie pour le nom -->
        <label for="nom">Nom :</label>
        <input type="text" id="nom" name="nom"><br><br>
```

```html
        <!-- Champ de saisie pour l'email -->
        <label for="email">Email :</label>
        <input type="email" id="email" name="email"><br><br>

        <!-- Zone de texte pour le message -->
        <label for="message">Message :</label><br>
        <textarea id="message" name="message" rows="4" cols="50"></textarea><br><br>

        <!-- Bouton d'envoi -->
        <button type="submit">Envoyer</button>
    </form>
</body>
</html>
```

2. Ajoutez des styles CSS pour les éléments de formulaire :

Dans le fichier `styles.css` :

```css
/* Fichier styles.css */

/* Style pour le formulaire */
form {
    max-width: 500px; /* Limite la largeur du formulaire */
    margin: auto; /* Centre le formulaire horizontalement */
    padding: 20px; /* Ajoute de la marge intérieure autour du formulaire */
    border: 1px solid #ccc; /* Ajoute une bordure grise autour du formulaire */
    border-radius: 10px; /* Arrondit les coins de la bordure */
    background-color: #f9f9f9; /* Change la couleur de fond du formulaire */
}

/* Style pour les champs de saisie et les zones de texte */
input[type="text"],
input[type="email"],
```

```css
textarea {
    width: 100%; /* Les champs de saisie et les zones
de texte prennent toute la largeur disponible */
    padding: 10px; /* Ajoute de la marge intérieure
autour du texte */
    margin: 5px 0 15px 0; /* Ajoute de la marge
extérieure autour des éléments */
    display: inline-block; /* Affiche les éléments en
ligne */
    border: 1px solid #ccc; /* Ajoute une bordure
grise autour des éléments */
    border-radius: 5px; /* Arrondit les coins de la
bordure */
    box-sizing: border-box; /* Inclut la bordure et
la marge intérieure dans la largeur totale */
}

/* Style pour les boutons */
button {
    background-color: #4CAF50; /* Change la couleur
de fond du bouton */
    color: white; /* Change la couleur du texte du
bouton */
    padding: 10px 20px; /* Ajoute de la marge
intérieure autour du texte du bouton */
    margin: 10px 0; /* Ajoute de la marge extérieure
autour du bouton */
    border: none; /* Supprime la bordure du bouton */
    border-radius: 5px; /* Arrondit les coins du
bouton */
    cursor: pointer; /* Change le curseur lorsque la
souris passe sur le bouton */
    font-size: 16px; /* Change la taille du texte du
bouton */
}

/* Style pour les boutons lors du survol */
button:hover {
    background-color: #45a049; /* Change la couleur
de fond du bouton lors du survol */
}
```

3. Liez le fichier CSS au fichier HTML :

Assurez-vous que la balise `<link>` dans votre fichier HTML pointe vers le fichier CSS correctement, comme montré ci-dessus.

4. Testez et ajustez les styles :

Ouvrez le fichier `index.html` dans un navigateur web. Remplissez les champs de formulaire et cliquez sur le bouton pour voir les effets de style. Ajustez les styles dans le fichier CSS si nécessaire.

GUIDE :

- **Étape 1 :** Créez le fichier `index.html` et ajoutez la structure HTML de base avec un formulaire contenant des champs de saisie, des boutons et des zones de texte.
- **Étape 2 :** Créez le fichier `styles.css` et ajoutez des styles pour le formulaire, les champs de saisie, les boutons et les zones de texte.
- **Étape 3 :** Liez le fichier CSS à votre fichier HTML en utilisant la balise `<link>` dans la section `<head>` de votre fichier HTML.
- **Étape 4 :** Ouvrez votre fichier HTML dans un navigateur pour vérifier les styles et ajuster si besoin.

Résultat attendu :

Vous devriez voir un formulaire avec des champs de saisie et des zones de texte stylisés de manière harmonieuse. Les champs de saisie et les zones de texte devraient s'étendre sur toute la largeur disponible, avec des bordures et des coins arrondis. Le bouton devrait avoir une couleur de fond verte avec un effet de survol changeant la couleur de fond. Vous pouvez expérimenter avec différents styles pour améliorer l'apparence et l'ergonomie du formulaire.

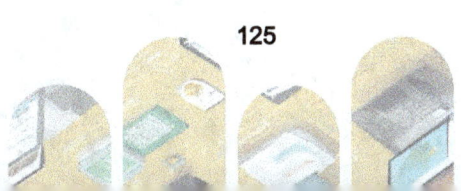

Exercice : Styliser les formulaires

[Formulaire avec champs Nom, Email, Message et bouton Envoyer]

TRAVAIL DIRIGÉ : CRÉER UN MENU DE NAVIGATION STYLISÉ

Créez un fichier HTML de base :

```html
<!DOCTYPE html>
<html lang="fr">
<head>
    <meta charset="UTF-8">
    <title>Menu de Navigation Stylisé</title>
    <link rel="stylesheet" href="styles.css"> <!-- Lien vers le fichier CSS -->
</head>
<body>
    <h1>Exercice : Créer un menu de navigation stylisé</h1>
    <!-- Menu de navigation -->
    <nav>
```

```html
        <ul>
            <li><a href="#home">Accueil</a></li>
            <li><a href="#about">À Propos</a></li>
            <li><a href="#services">Services</a></li>
            <li><a href="#contact">Contact</a></li>
        </ul>
    </nav>
</body>
</html>
```

2. Ajoutez des styles CSS pour le menu de navigation :

Dans le fichier `styles.css` :

```css
/* Fichier styles.css */

/* Style pour le menu de navigation */
nav ul {
    list-style-type: none; /* Supprime les puces de la liste */
    margin: 0; /* Supprime la marge par défaut */
    padding: 0; /* Supprime le padding par défaut */
    overflow: hidden; /* Assure que le contenu ne déborde pas */
    background-color: #333; /* Couleur de fond du menu */
}

/* Style pour les éléments de la liste */
nav ul li {
    float: left; /* Aligne les éléments horizontalement */
}

/* Style pour les liens */
nav ul li a {
    display: block; /* Rend le lien cliquable sur toute la zone du bloc */
    color: white; /* Couleur du texte */
    text-align: center; /* Centre le texte */
    padding: 14px 16px; /* Ajoute du padding autour du texte */
```

```css
    text-decoration: none; /* Supprime le
soulignement */
    transition: background-color 0.3s; /* Ajoute une
transition fluide pour le changement de couleur de
fond */
}

/* Effet de survol pour les liens */
nav ul li a:hover {
    background-color: #111; /* Change la couleur de
fond lors du survol */
}
```

3. Liez le fichier CSS au fichier HTML :

Assurez-vous que la balise `<link>` dans votre fichier HTML pointe vers le fichier CSS correctement, comme montré ci-dessus.

4. Testez et ajustez les styles :

Ouvrez le fichier `index.html` dans un navigateur web. Passez la souris sur les éléments du menu pour voir les effets de survol. Ajustez les styles dans le fichier CSS si nécessaire.

Résultat attendu :

Vous devriez voir un menu de navigation horizontal avec des éléments de menu cliquables. Les liens auront une couleur de fond sombre par défaut et changeront de couleur lors du survol de la souris, grâce à une transition fluide. Vous pouvez expérimenter avec différentes couleurs et styles pour améliorer l'apparence et l'ergonomie du menu de navigation.

Exercice : Créer un menu de navigation stylisé

Accueil   À Propos   Services   Contact

Solutions : Chapitre 3

Travail dirigé : Stylisation d'une liste d'éléments

Structure HTML de Base :

```html
<!DOCTYPE html>
<html lang="fr">
<head>
    <meta charset="UTF-8">
    <title>Stylisation d'une Liste d'Éléments</title>
    <link rel="stylesheet" href="styles.css"> <!-- Lien vers le fichier CSS -->
</head>
<body>
    <h1>Exercice : Stylisation d'une Liste d'Éléments</h1>
    <!-- Liste des éléments -->
    <ul class="styled-list">
        <li>Élément 1</li>
        <li>Élément 2</li>
        <li>Élément 3</li>
        <li>Élément 4</li>
        <li>Élément 5</li>
    </ul>
</body>
```

```html
</html>
```

2. Styles CSS pour la Liste :

Dans le fichier `styles.css` :

```css
/* Fichier styles.css */

/* Style de base pour le corps de la page */
body {
    font-family: Arial, Helvetica, sans-serif; /* Utilise une police lisible et moderne */
    background-color: #f4f4f4; /* Couleur de fond claire pour le corps de la page */
    color: #333; /* Couleur de texte sombre pour une bonne lisibilité */
    margin: 0; /* Supprime les marges par défaut */
    padding: 20px; /* Ajoute du padding autour du contenu */
}

/* Style pour le titre principal */
h1 {
    text-align: center; /* Centre le texte du titre principal */
    margin-bottom: 20px; /* Ajoute une marge inférieure pour espacer le titre du contenu suivant */
}

/* Style pour la liste */
.styled-list {
    list-style-type: none; /* Supprime les puces de la liste */
    padding: 0; /* Supprime le padding par défaut de la liste */
}

/* Style pour les éléments de la liste */
.styled-list li {
    background-color: #e0e0e0; /* Couleur de fond légère pour les éléments */
```

```css
    color: #000; /* Couleur de texte noire pour une bonne
lisibilité */
    padding: 10px 15px; /* Ajoute du padding autour du
texte des éléments */
    margin: 5px 0; /* Ajoute une marge extérieure entre
les éléments */
    border-radius: 5px; /* Ajoute des coins arrondis aux
éléments */
    transition: background-color 0.3s; /* Ajoute une
transition fluide pour le changement de couleur de fond */
}

/* Style alternatif pour les éléments impairs de la liste
*/
.styled-list li:nth-child(odd) {
    background-color: #d3d3d3; /* Couleur de fond
alternative pour les éléments impairs */
}

/* Effet de survol pour les éléments de la liste */
.styled-list li:hover {
    background-color: #c0c0c0; /* Change la couleur de
fond lors du survol */
}
```

Résultat attendu :

Vous devriez voir une liste d'éléments stylisée avec des couleurs de fond alternées pour les éléments pairs et impairs. Les éléments doivent avoir des coins arrondis, des marges et des espacements suffisants pour améliorer la lisibilité. Lors du survol, la couleur de fond des éléments doit changer progressivement grâce à une transition fluide. Vous pouvez expérimenter avec différentes couleurs et polices pour obtenir l'apparence souhaitée.

Exercice : Stylisation d'une Liste d'Éléments

| Élément 1 |
| Élément 2 |
| Élément 3 |
| Élément 4 |
| Élément 5 |

TRAVAIL DIRIGÉ : CRÉATION D'UN MENU DE NAVIGATION ADAPTABLE

Structure HTML de Base :

```html
<!DOCTYPE html>
<html lang="fr">
<head>
    <meta charset="UTF-8">
    <title>Menu de Navigation Responsive</title>
    <link rel="stylesheet" href="styles.css"> <!-- Lien vers le fichier CSS -->
</head>
<body>
    <h1>Exercice : Création d'un menu de navigation responsive</h1>
    <!-- Menu de navigation -->
    <nav>
        <ul class="menu">
            <li><a href="#home">Accueil</a></li>
            <li><a href="#about">À Propos</a></li>
            <li><a href="#services">Services</a></li>
            <li><a href="#contact">Contact</a></li>
        </ul>
    </nav>
</body>
```

```
</html>
```

Styles CSS pour le Menu de Navigation :

Dans le fichier `styles.css` :

```css
/* Fichier styles.css */

/* Style de base pour le menu */
nav ul {
    list-style-type: none; /* Supprime les puces de la liste */
    margin: 0; /* Supprime la marge par défaut */
    padding: 0; /* Supprime le padding par défaut */
    overflow: hidden; /* Assure que le contenu ne déborde pas */
    background-color: #333; /* Couleur de fond du menu */
}

/* Style pour les éléments de la liste */
nav ul li {
    float: left; /* Aligne les éléments horizontalement */
}

/* Style pour les liens */
nav ul li a {
    display: block; /* Rend le lien cliquable sur toute la zone du bloc */
    color: white; /* Couleur du texte */
    text-align: center; /* Centre le texte */
    padding: 14px 16px; /* Ajoute du padding autour du texte */
    text-decoration: none; /* Supprime le soulignement */
    transition: background-color 0.3s; /* Ajoute une transition fluide pour le changement de couleur de fond */
}

/* Effet de survol pour les liens */
nav ul li a:hover {
    background-color: #111; /* Change la couleur de fond lors du survol */
}

/* Styles pour les petits écrans */
@media screen and (max-width: 768px) {
```

```css
    /* Options de base pour le menu sur petits écrans */
    nav ul {
        display: flex; /* Utilise Flexbox pour aligner les éléments */
        flex-direction: column; /* Empile les éléments verticalement */
    }

    /* Style pour les éléments de la liste */
    nav ul li {
        float: none; /* Supprime l'alignement horizontal */
    }

    /* Style pour les liens */
    nav ul li a {
        text-align: left; /* Aligne le texte à gauche */
        padding: 10px 20px; /* Ajoute du padding autour du texte */
    }
}
```

Résultat attendu :

Vous devriez voir un menu de navigation horizontal sur les grands écrans et un menu de navigation vertical sur les petits écrans. Les liens du menu doivent avoir une couleur de fond sombre par défaut et changer de couleur lors du survol de la souris. Vous pouvez expérimenter avec différentes couleurs et styles pour améliorer l'apparence et l'ergonomie du menu de navigation.

Travail dirigé : Création d'une carte de visite

1. Structure HTML de Base :

```
<!DOCTYPE html>
```

```html
<html lang="fr">
<head>
    <meta charset="UTF-8">
    <title>Carte de Visite Virtuelle</title>
    <link rel="stylesheet" href="styles.css"> <!-- Lien vers le fichier CSS -->
</head>
<body>
    <div class="carte-de-visite">
        <h1>Jean Dupont</h1>
        <h2>Développeur Web</h2>
        <div class="contact">
            <p>Email : <a href="mailto:jean.dupont@example.com">jean.dupont@example.com</a></p>
            <p>Téléphone : <a href="tel:+33612345678">+33 6 12 34 56 78</a></p>
            <p>Adresse : 123 Rue de la République, 75001 Paris, France</p>
        </div>
        <div class="liens-sociaux">
            <a href="https://www.linkedin.com/in/jeandupont" target="_blank">LinkedIn</a>
            <a href="https://twitter.com/jeandupont" target="_blank">Twitter</a>
        </div>
    </div>
</body>
</html>
```

2. Styles CSS pour la Carte de Visite :

Dans le fichier `styles.css` :

```css
/* Fichier styles.css */

/* Style de base pour le corps de la page */
body {
    font-family: 'Roboto', sans-serif; /* Utilise une police moderne et lisible */
```

```css
    background-color: #f4f4f4; /* Couleur de fond claire pour le corps de la page */
    display: flex;
    justify-content: center; /* Centre la carte horizontalement */
    align-items: center; /* Centre la carte verticalement */
    height: 100vh; /* Hauteur de la page */
    margin: 0; /* Supprime les marges par défaut */
}

/* Style pour la carte de visite */
.carte-de-visite {
    background-color: #fff; /* Couleur de fond blanche pour la carte */
    padding: 20px; /* Ajoute du padding autour du contenu */
    border-radius: 10px; /* Ajoute des coins arrondis */
    box-shadow: 0 4px 8px rgba(0, 0, 0, 0.1); /* Ajoute une ombre portée douce */
    text-align: center; /* Centre le texte */
    width: 300px; /* Largeur de la carte */
}

/* Style pour le nom */
.carte-de-visite h1 {
    font-size: 24px; /* Taille de la police pour le nom */
    color: #333; /* Couleur du texte */
    margin-bottom: 10px; /* Ajoute une marge inférieure */
}

/* Style pour le titre ou le poste */
.carte-de-visite h2 {
    font-size: 18px; /* Taille de la police pour le titre */
    color: #777; /* Couleur du texte */
    margin-bottom: 20px; /* Ajoute une marge inférieure */
```

```css
}

/* Style pour la section de contact */
.contact p {
    font-size: 14px; /* Taille de la police pour le contact */
    color: #555; /* Couleur du texte */
    margin: 5px 0; /* Ajoute des marges verticales */
}

/* Style pour les liens */
.contact a {
    color: #007BFF; /* Couleur bleu pour les liens */
    text-decoration: none; /* Supprime le soulignement des liens */
    transition: color 0.3s; /* Ajoute une transition fluide pour la couleur */
}

.contact a:hover {
    color: #0056b3; /* Change la couleur lors du survol */
}

/* Style pour la section des liens sociaux */
.liens-sociaux a {
    display: inline-block; /* Affiche les liens en ligne */
    margin: 0 10px; /* Ajoute des marges horizontales */
    font-size: 16px; /* Taille de la police pour les liens sociaux */
    color: #007BFF; /* Couleur bleu pour les liens */
    text-decoration: none; /* Supprime le soulignement des liens */
    transition: color 0.3s; /* Ajoute une transition fluide pour la couleur */
}

.liens-sociaux a:hover {
```

```
    color: #0056b3; /* Change la couleur lors du
survol */
}
```

RÉSULTAT ATTENDU :

Vous devriez voir une carte de visite virtuelle bien structurée avec un nom et un poste, des informations de contact bien formatées, et des liens sociaux. La carte doit être centrée sur la page et avoir un design propre avec des coins arrondis et une ombre portée douce pour lui donner de la profondeur. Les liens doivent changer de couleur lors du survol grâce à une transition fluide. Ajustez les styles selon vos préférences pour obtenir l'esthétique souhaitée.

Jean Dupont

Développeur Web

Email : jean.dupont@example.com
Téléphone : +33 6 12 34 56 78
Adresse : 123 Rue de la République, 75001 Paris, France
LinkedIn   Twitter

QUESTION AVANCÉE : RENDRE LA PAGE ADAPTABLE

1. Ajoutez les Media Queries à votre fichier `styles.css` :

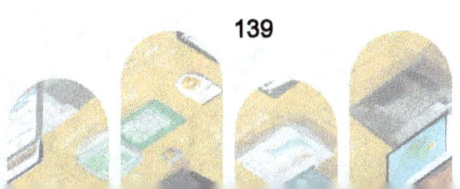

```css
/* Styles généraux */
body {
    font-family: 'Roboto', sans-serif;
    background-color: #f4f4f4;
    display: flex;
    justify-content: center;
    align-items: center;
    height: 100vh;
    margin: 0;
}

.carte-de-visite {
    background-color: #fff;
    padding: 20px;
    border-radius: 10px;
    box-shadow: 0 4px 8px rgba(0, 0, 0, 0.1);
    text-align: center;
    width: 300px;
}

.carte-de-visite h1 {
    font-size: 24px;
    color: #333;
    margin-bottom: 10px;
}

.carte-de-visite h2 {
    font-size: 18px;
    color: #777;
    margin-bottom: 20px;
}

.contact p {
    font-size: 14px;
    color: #555;
    margin: 5px 0;
}

.contact a {
    color: #007BFF;
    text-decoration: none;
```

```css
    transition: color 0.3s;
}

.contact a:hover {
    color: #0056b3;
}

.liens-sociaux a {
    display: inline-block;
    margin: 0 10px;
    font-size: 16px;
    color: #007BFF;
    text-decoration: none;
    transition: color 0.3s;
}

.liens-sociaux a:hover {
    color: #0056b3;
}

/* Media Queries pour petits écrans */
@media screen and (max-width: 768px) {
    .carte-de-visite {
        width: 90%; /* Réduit la largeur de la carte de visite */
        padding: 15px; /* Ajuste le padding */
    }

    .carte-de-visite h1 {
        font-size: 20px; /* Réduit la taille de la police pour le nom */
    }

    .carte-de-visite h2 {
        font-size: 16px; /* Réduit la taille de la police pour le titre */
    }

    .contact p {
        font-size: 12px; /* Réduit la taille de la police pour le contact */
```

```css
    }
    .liens-sociaux a {
        font-size: 14px; /* Réduit la taille de la
police pour les liens sociaux */
        margin: 0 5px; /* Réduit les marges
horizontales */
    }
}
```

Résultat attendu :

La carte de visite doit s'adapter correctement à différentes tailles d'écran. Sur les petits écrans, les tailles de police et les espacements doivent être ajustés pour garantir que la carte reste lisible et bien agencée. Testez la carte de visite sur différents appareils et ajustez les styles CSS si nécessaire pour obtenir un résultat optimal.

Idées de Mini-projets :

Avec les compétences que vous avez acquises jusqu'à présent, vous êtes prêt à réaliser des mini-projets de manière autonome. Voici quelques idées que vous pouvez adapter et améliorer selon vos envies. J'espère qu'elles vous inspireront. Ces projets sont conçus pour être à la fois créatifs et amusants, tout en consolidant vos compétences de base en développement web.

Carte de vœux animée :

Description : Créez une carte de vœux en ligne pour une occasion spéciale (anniversaire, fêtes, etc.).

Contenu :
Titre et message de vœux
Image ou illustration festive
Effets d'animation CSS pour rendre la carte plus dynamique (par exemple, des étoiles clignotantes, du texte défilant)

Objectifs d'apprentissage :
Utilisation des balises de base (`<h1>`, `<p>`, `<img>`)
Application d'animations CSS (`@keyframes`, `transition`)
Mise en page créative avec CSS

Quiz interactif simple :

Description : Concevez un quiz interactif avec des questions à choix multiples.

Contenu :
Titre du quiz
Liste de questions avec des choix de réponses (utiliser des boutons radio)
Bouton pour soumettre les réponses et afficher les résultats

Objectifs d'apprentissage :
Utilisation des balises de formulaire HTML (`<form>`, `<input>`, `<label>`, `<button>`)
Stylisation des formulaires avec CSS
Création d'une interface utilisateur attrayante

Page de jeu de mémoire (Memory Game) :

Description : Créez une version numérique du jeu de mémoire où les utilisateurs doivent trouver des paires d'images identiques.

Contenu :
Titre du jeu
Grille de cartes retournées
Effet de survol pour retourner les cartes

Objectifs d'apprentissage :
Utilisation des balises HTML pour créer une grille (`<div>`, `<img>`)
Création d'effets de survol avec CSS pour montrer ou cacher les cartes
Mise en page en grille avec CSS Grid

PAGE DE PROFIL PERSONNEL :

Description : Créez une page web simple qui présente un profil personnel.

Contenu :
Photo de profil
Brève biographie
Liens vers les réseaux sociaux
Section de contact avec une adresse e-mail ou un formulaire

Objectifs d'apprentissage :
Utilisation des balises de base (`<img>`, `<p>`, `<a>`, `<form>`, etc.)
Mise en page simple avec CSS
Utilisation des sélecteurs CSS pour styliser différents éléments

BLOG DE BASE :

Description : Concevez une page de blog avec une liste d'articles.

Contenu :
Titre du blog
Liste d'articles avec des titres, des dates et des extraits de texte
Images associées aux articles

Objectifs d'apprentissage :
Structuration du contenu avec des balises HTML (`<h1>`, `<h2>`, `<p>`, `<img>`)
Utilisation des classes CSS pour styliser les articles
Création d'une mise en page en grille ou en liste

Portfolio de projets :

Description : Réalisez un portfolio en ligne pour présenter divers projets.

Contenu :
Section d'introduction avec une photo et une brève description
Galerie de projets avec des images, des titres et des descriptions
Section de contact

Objectifs d'apprentissage :
Utilisation des balises de sectionnement (`<section>`, `<article>`)
Création d'une galerie d'images avec CSS
Application de styles cohérents pour les différentes sections

Galerie de photos :

Description : Créez une galerie de photos interactive.

Contenu :
Titre de la galerie
Grille de photos avec des légendes
Effets de survol pour agrandir les images ou afficher des légendes

Objectifs d'apprentissage :
Utilisation des balises `<figure>` et `<figcaption>` pour les images
Création d'une grille de mise en page avec CSS Grid ou Flexbox
Application d'effets de survol avec CSS

Bon courage! 💥🚀💻

www.ingramcontent.com/pod-product-compliance
Lightning Source LLC
Chambersburg PA
CBHW071831210526
45479CB00001B/83